Mes amis à Brook Farm

John Van der Zee Sears

Writat

Cette édition parue en 2024

ISBN : 9789359948188

Publié par
Writat
email : info@writat.com

Contenu

CHAPITRE I .
LA VIEILLE COLONIE

En mai 1624, le paquebot hollandais New Holland remonta le fleuve Hudson jusqu'au chef de la navigation, amenant une compagnie de dix-huit familles sous la direction d'Adrian Joris . Les immigrants débarquèrent dans un petit poste de traite appelé Beaverwick tenu par un certain Tice Oesterhout , un chasseur pionnier, marié à une Squaw Mohawk. Quelques jours plus tard, un groupe d'Indiens, probablement des Mohawks, attendirent les nouveaux arrivants et leur demandèrent poliment pourquoi ils pénétraient sur les terres indiennes sans préavis ni permission ; Tice Oesterhout et son épouse font office d'interprètes. Joris répondit qu'ils étaient venus en paix et qu'ils espéraient vivre en paix et en bons termes avec les Indiens. On lui a dit que lui et son peuple seraient les bienvenus s'ils rejoignaient l'union universelle de paix des Iroquois, et pas autrement. Cette proposition, les colons l'acceptèrent par acclamation. En temps voulu, le Conseil général des Cinq Nations accepta la colonie comme membre de la Fédération iroquoise. Joris fut reconnu comme chef civil de la petite communauté et, comme il était wallon, son peuple devint la Nation wallonne de la Grande Alliance pour la Paix. La Grande Paix est le traité qui constitue la base de la Fédération iroquoise. Les colons, au lieu de conclure un traité avec les Indiens, ont adhéré à un traité déjà conclu, assurant ainsi la sécurité et le monopole pratique du commerce des fourrures sur le haut Hudson. Ils envoyaient des cadeaux annuels au Conseil général des Iroquois, qui étaient sans doute reçus comme un hommage en reconnaissance de leur souveraineté, mais la Nation wallonne ne semblait pas se soucier beaucoup de l'affaire de la souveraineté tant que le commerce des fourrures continuait à prospérer, comme elle l'a fait pour le prochain demi-siècle.

Une vingtaine de Wallons ne constituaient pas une nation très redoutable mais les hommes étaient renforcés par les femmes qui avaient une voix égale non seulement dans les affaires locales mais aussi au Conseil général de la Fédération.

Les colons bâtirent leurs maisons sur le sentier indien menant vers l'ouest auquel ils donnèrent le nom de rue Beaver, leur grand boulevard qui devait avoir deux ou trois carrés de long. La rue des Castors était l'autoroute principale de la Nation wallonne et était le centre de la « Vieille Colonie », comme fut ensuite appelé le quartier hollandais. Sous la domination anglaise, la « Vieille Colonie » ou Beaverwick fut fusionnée avec Fort Orange et Rensselaerwick , ceux-ci étant collectivement nommés Albany en l'honneur du duc d'York, Albany étant l'un de ses titres.

Les Hollandais de la « Vieille Colonie » n'apprécièrent pas la suprématie des Anglais. Ils obéissaient aux lois et aux autorités constituées mais ils maintenaient obstinément leur autonomie autant que possible, se tenant à l'écart de leurs voisins anglais, gardant leur propre langue, leurs propres mœurs et coutumes et leurs propres habitudes de vie, génération après génération. Au fur et à mesure que la « Vieille Colonie » étendait ses frontières et que de nouveaux éléments s'ajoutaient à sa population, ces caractéristiques hollandaises furent progressivement modifiées et finalement disparurent complètement, mais elles résistèrent de nombreuses années aux influences modernes et jusqu'au milieu du XIXe siècle, des preuves de l'influence hollandaise furent constatées. l'ascendance était encore visible parmi les habitants de la « Vieille Colonie ».

La maison de mon père, où je suis né, se trouvait du côté sud de la rue des Castors, à côté de celle des Ostranders où aurait vécu le dernier chef civil wallon. Enfant, j'entendais parler le néerlandais dans la rue, dans les magasins et au marché. Nous parlions plus ou moins néerlandais à la maison, et aucune autre langue dans la ferme de mon grand-père. La famille Sears était originaire de Cape Cod, mais ma mère était une Van Der Zee, et bien que le premier Van Der Zee soit venu de Hollande en 1642, la famille était toujours aussi néerlandaise en 1842, deux siècles plus tard. La mère a appris l'anglais à l'école mais l'a parlé très peu jusqu'après son mariage, puis a chantonné des comptines en néerlandais à ses enfants ; "Trip a trop a tronches ", "Wat zegt Mynhur Papa », etc.

Le magasin de mon père était « sur la jetée », ce qui équivaut à dire qu'il était marchand de farine. La jetée était une sorte de cloison entre le bassin du canal et la rivière, et elle était occupée par une seule rangée de bâtiments, qui étaient tous des dépôts de farine. La vallée de Genesee était un pays producteur de blé célèbre dans la première moitié du XIXe siècle, et le grain était moulu à Rochester et expédié par le canal Érié jusqu'à Albany, le centre de réception et de distribution du commerce. Mon père effectuait des voyages d'affaires à New York et, parfois, jusqu'à Boston, ce qui était à l'époque un long voyage. Il s'arrangeait habituellement pour descendre la rivière au printemps , ayant, outre ses propres affaires, des commissions à remplir en tant que délégué à une ou plusieurs des conventions de mai.

Les Conventions de Mai étaient des rassemblements annuels d'organismes religieux, d'organisations philanthropiques, d'associations réformatrices, d'associations littéraires, d'associations éducatives et de toutes sortes d'associations pour l'amélioration de la race humaine en général et du peuple américain en particulier. La réunion annuelle des Amis, la Conférence des sociétés anti-esclavagistes américaines, les Grahamites ou végétariens, les défenseurs de la tempérance et autres défenseurs d'idéaux bienfaisants, bienveillants et utopiques réunis à ces occasions, et avec beaucoup d'éloquence, ont fait comprendre aux plus méchants comprenant que l'adoption universelle des principes particulièrement professés par chacun éliminerait tous les maux du monde et provoquerait le retour de l'âge d'or.

Ma mère n'assistait pas toujours aux Conventions de mai, mais chaque fois qu'elle y allait, elle emmenait l'un de nos enfants avec elle. Ma première visite à New York a été effectuée en tant que membre non qualifié de la délégation d'Albany pour quelque chose ou autre, je ne sais plus quoi. Une chose que je n'oublie cependant pas, c'est d'entendre Ho Race Greeley faire un discours, puis d'être gonflé de fierté lorsque l'orateur bavardait familièrement avec son petit admirateur lors d'un dîner dans notre hôtel de Barclay Street.

Lorsque ma mère était absente de la maison, la famille était confiée à notre courtoisie tante Catholina Van Olinda qui gardait la maison avec ma sœur aînée Althea, tandis que j'étais envoyé pour un temps dans la ferme de mon grand-père. J'étais très à l'aise à la ferme et j'y ai passé de nombreux jours heureux dans ma petite enfance, étant considéré comme une sorte d'héritier présomptif par les principaux personnages de la ferme, à savoir mon grand-père, John Van Der Zee l'aîné, ainsi que Tone et Cleo. Ces derniers, Antoine et Cléopâtre, à proprement parler, étaient d'anciens nègres nés et élevés dans la ferme et qui la quittaient rarement au cours de leur longue vie. C'étaient des esclaves dans la mesure où ils dédaignaient de s'émanciper, et des « nègres libres » qu'ils méprisaient. Ils appartenaient à la maison Van Der Zee et la maison leur appartenait, et ne pas appartenir à personne ni à aucun lieu était, à leur avis, très semblable à être un pauvre sans abri et sans abri. Comme j'étais John Van Zee le plus jeune, suivant leur généalogie le successeur naturel de Baas Hans, ils m'ont assuré de leur considération la plus distinguée. Mon père, Charles Sears, n'était pas dans la ligne de succession, étant anglais, c'est-à-dire étranger. Ils le toléraient, en partie parce qu'il leur parlait en néerlandais, la seule langue qu'ils connaissaient ou dont ils se souciaient, et en partie parce qu'il était, après tout, un membre de la famille par alliance. Comme il apportait toujours un livre à la main lorsqu'il visitait la ferme, ils s'assuraient qu'il était un drukker , c'est-à-dire un imprimeur ou un libraire ou quelque chose de cette description vaniteuse et frivole. Cléo atteint un grand âge, dépassant le cap du siècle. Au cours de ses dernières années, elle a hérité de ma mère et, assez curieusement, il s'est avéré que, même si mon père professaiait ouvertement des sentiments anti-esclavagistes, ma mère était propriétaire d'esclaves, probablement l'une des dernières de cette classe dans l'État de New York. .

L'un de nos voisins dans la Vieille Colonie était Thurlow Weed, chef du parti Whig dans l'Empire State et fondateur, propriétaire et rédacteur en chef de l' *Albany Evening Journal* , l'un des journaux les plus influents du pays. Père entretenait une quasi-intimité avec M. Weed, ce qui l'a mis en contact avec Horace Greeley. Mon père, bien qu'il n'ait jamais été homme politique, s'intéressait aux affaires du parti et était en communication constante avec les Old Line Whigs du parti Henry Clay suivant, et j'ai l'impression que les consultations du cabinet politique Seward, Weed et Greeley se tenaient parfois dans la bibliothèque de mon père. Lorsqu'il éditait le journal du parti « Log Cabin » lors de la première campagne d'Harrison, M. Greeley était souvent un invité chez nous, et à cette époque, lui et son père ont noué une chaleureuse amitié qui s'est poursuivie pendant le reste de leur vie. .

Après avoir qualifié M. Weed de chef du parti Whig dans l'État de New York, je pense que c'est dû à la mémoire d'un homme honorable que d'affirmer ma conviction qu'il n'a jamais gagné un dollar en politique. Il a consacré beaucoup de services et beaucoup d'argent à la promotion de ses idées politiques, mais n'a jamais reçu un sou en retour. Il était en effet un patron, dirigeant les affaires du parti avec la main ferme d'un dictateur, mais il ne cherchait aucun profit et n'en obtenait aucun, pas même les remerciements de ceux qu'il servait. Loin d'améliorer sa fortune, ses activités publiques impliquaient des demandes constantes sur son budget privé. Non seulement les amis du parti, mais aussi les ennemis du parti ont appelé Thurlow Weed à l'aide en cas de détresse, sachant que ses mains seraient ouvertes et ses lèvres fermées. Ils étaient fermés, mais il était généralement admis dans la Vieille Colonie que les nombreux candidats misérables et nécessiteux qui se présentaient à sa porte avaient dû faire de sérieuses atteintes à ses revenus.

Un cas notable est celui d'un tenancier de saloon, un politicien Whig dans une certaine mesure, qui était censé contrôler le « vote du canal », c'est-à-dire le vote de la population flottant dans le bassin du canal, parmi laquelle se trouvaient des bateliers prêts à voter. leurs bulletins de vote dans tous les cas, moyennant un certain prix. M. Weed n'a pas approuvé cet homme ni ses méthodes, et l'homme s'est rendu au Locofocos , sac et bagages. Il emportait avec lui une vilaine rancune contre le Whig Boss et exprimait sa méchanceté dans des mensonges, des calomnies et des diffamations des plus ignobles. Pendant des années, il a fait tous les ennuis possibles, mais étant un homme buveur, il dévalait entre-temps la colline, sournoisement mais sans s'arrêter. Lorsqu'il eut atteint le fond, dans un dénuement total, il vint voir M. Weed pour lui demander de l'aide – et il l'obtint. De plus, après sa mort, ses enfants ont été soutenus jusqu'à ce qu'ils puissent prendre soin d'eux-mêmes, et les frais, comme nous ne pouvions nous empêcher de le savoir, ont été payés par notre voisin de la rue Beaver.

Un dernier souvenir de M. Weed persiste dans mon esprit, au discrédit de ceux qui auraient dû être ses amis reconnaissants. La dernière fois que je lui ai fait appel, c'était lorsqu'il vivait à New York avec sa fille, je pense à Broome Street. En le saluant, je remarquai qu'il était très troublé par une certaine contrariété qu'il ne pouvait ni cacher ni se débarrasser avec son entrain d'antan.

Son agitation était si évidente et si inhabituelle que j'osai m'enquérir du trouble qui contrariait tant son caractère serein. En réponse, il prit un exemplaire d'un important journal du matin de New York et pointa du doigt un sous-éditorial dans lequel il était désigné par son nom comme « un vétéran à la traîne superflu sur scène ».

C'était la coupure la plus méchante de toutes. M. Weed vivait alors à la retraite, mais il publiait toujours des articles vigoureux et opportuns dans les colonnes éditoriales de cette même revue. Il a été gravement blessé par l'affront gratuit auquel il avait été si grossièrement soumis, mais il s'est contenté de dire : « Je suis peut-être superflu, mais personne ne peut honnêtement dire que j'ai jamais été à la traîne. »

Je crois que la direction du journal s'est excusée en privé pour cette insulte stupide, attribuant le sous-éditorial à l'un des juniors et exprimant ses regrets qu'il ait été imprimé par inadvertance. Pour autant, Thurlow Weed n'a jamais écrit d'éditorial, cet incident fâcheux mettant fin au travail d'une longue et ardue carrière journalistique.

En face de la résidence de M. Weed dans la Vieille Colonie se trouvait la maison Van Anvers, portant la date 1640 en chiffres de fer au sommet du pignon qui donnait sur la rue. Elle était construite en briques jaunes – ou du moins le pignon était ainsi construit – et la légende des Van Anvers disait que ces briques étaient importées d'Anvers, la ville natale de leur famille. La dernière descendante était Juferouw Cornelia Van Antwerp qui tenait une petite école dans le sous-sol de sa maison, la fortune familiale ayant diminué jusqu'à ce que cette maison soit à peu près la seule propriété laissée aux Juferouw . Dans cette école, ma sœur Althea et moi avons appris les trois R et pas grand-chose d'autre. L'ancienne fille hollandaise était une dame bien élevée, digne et courtoise, qui occupait une place élevée dans le cercle élu de la société de la Vieille Colonie , et qui n'en était pas moins estimée en raison de sa situation difficile. Sa démarche et sa conversation étaient sans doute édifiantes, mais le programme de son institut scolaire laissait peut-être à désirer dans les départements d'enseignement supérieur. Elle avait cependant une qualification disponible pour son poste : être une experte dans la fabrication et la réparation de plumes d'oie. Elle passait une grande partie de son temps pendant les heures de classe à façonner ces instruments d'écriture, et j'imagine qu'elle gagnait son maigre revenu en fournissant des stylos aux voisins.

Les écoles publiques étaient, à cette époque, considérées comme des œuvres de charité publiques et n'étaient pas fréquentées par des enfants dont les parents ou tuteurs pouvaient se permettre de payer un enseignement privé qui, meilleur ou pire, ne suggérait en aucun cas la pauvreté. C'est ainsi que mon père, au retour d'un de ses voyages vers l'est, a ramené à la maison l'idée d'envoyer Althea et moi à l'école de Brook Farm.

CHAPITRE II.
AMI GREELEY

Lorsque M. Greeley est arrivé chez nous pour la première fois, je n'ai pas été très impressionné par son apparence. Il était grand et fortement bâti avec de larges épaules légèrement courbées en avant, un visage lisse, un teint clair et des cheveux très clairs plutôt longs. Il était myope et, comme les autres myopes, avait une façon de regarder en avant lorsqu'il marchait, ce qui, avec sa démarche lourde et saccadée, lui donnait une voiture très maladroite et campagnarde. Il a fait remarquer plus tard en ma présence : « J'ai appris à marcher dans les sillons d'une ferme du New Hampshire et depuis, l'argile obstruante me colle aux pieds. »

Sa voix était fine et aiguë, une petite voix pour un si grand homme, comme nous le pensions, et il avait une manière brusque de détourner l'attention qui nous parut plutôt déconcertante jusqu'à ce qu'on s'y habitue. Ses poches étaient remplies de journaux et de mémorandums, griffonnés d'une écriture curieusement obscure que j'eus par la suite eu beaucoup de difficulté à apprendre à lire, bien qu'elle fût assez claire une fois que la signification des étranges hiéroglyphes destinés aux lettres fut pleinement comprise. Il était pressé par les affaires lors de ses brèves visites mais trouvait le temps de se lier d'amitié avec les juvéniles de la famille et nous apprenions à l'accueillir avec un réel plaisir. Ma mère a remarqué que nous le faisions sourire, et cela contribuait grandement à établir l'intimité. Le rare sourire d'Horace Greeley révélait la beauté de son caractère et cette charité louée par saint Paul comme étant plus grande que la foi ou l'espérance ; un sourire plus angélique que celui que l'on voit souvent dans cet environnement banal.

HORACE GREELEY

Ses particularités vestimentaires ont été, je pense, très exagérées par les ragots communs. Il voulait que ses vêtements soient grands et faciles, et il les porta longtemps et avec un peu de négligence, mais c'était parce qu'il avait autre chose en tête et pas du tout parce qu'il affectait la singularité. J'ai souvent été avec lui lorsque j'étais enfant et jeune homme et je suis sûr qu'il a dit vrai lorsqu'en réponse à un conseil amical concernant ces questions, il a déclaré : « J'achète du bon tissu, je vais chez un bon tailleur et je paie un bon prix. prix, et c'est tout ce que je peux faire à ce sujet.

L'expression populaire sur la vieille blouse blanche de Greeley avait en fait un certain fondement, mais pas grand-chose. Il portait un pardessus légèrement terne lorsque je l'ai vu pour la première fois, avec des poches pleines s'étalant de chaque côté. Comme cela lui convenait, il le porta plusieurs années après, et lorsqu'il fut complètement usé, il en fit fabriquer un autre semblable à celui-ci qu'il porta encore de nombreuses années. Je doute qu'il ait jamais eu plus de deux de ces fameux vêtements, mais il est vrai que ces deux-là, toujours censés être la même vieille blouse blanche, étaient connus dans tout le nord du pays. Pas plus tard que lors de la première campagne présidentielle de Grant, frère Evans, l'invitant à prononcer un discours devant la communauté Shaker de Harvard, dans le Massachusetts, lui demanda d'apporter « la vieille blouse blanche, afin que nos gens sachent que c'est vous, à coup sûr ». .»

Il est possible qu'il y ait eu un petit sentiment de ressentiment contre ce genre de patronage, exprimé par le fait de traîner le vieux manteau blanc avec les manches de travers et le col rabattu, mais je suis sûr qu'en règle générale, M. Greeley donnait beaucoup d'importance. peu de réflexion quant à la façon dont il serait habillé.

Horace Greeley n'a jamais eu la moindre chance de développer les plus belles qualités de sa nature – et il le savait. C'était un travailleur formidable et, en tant qu'éditeur agressif, homme politique ambitieux et ardent réformateur, conduit comme une machine à vapeur, il ne prêtait guère attention aux frondes et aux flèches d'une fortune scandaleuse, mais il était sensible, comme une jeune fille, aux rebuffades qui l'amenaient à pensez à ce qui aurait pu être. Parmi des amis avec lesquels il se sentait chez lui et en compagnie vraiment agréable, il était un être différent du combattant percutant et du philosophe excentrique connu du public. Chez nous, il était avec les enfants comme un enfant, sympathique et sociable comme un frère aîné. Dans la maison des sœurs Carey, où je l'ai revu des années plus tard, il était heureux et insouciant. Phoebe et Alice Carey, poètes et essayistes, se réunissaient le dimanche soir chez elles à New York, où les esprits privilégiés du monde littéraire conversaient à la manière de leur espèce, comme dans les assemblées des salons parisiens du XVIIIe siècle. Dans cette compagnie, M. Greeley était à son meilleur, animé, plein d'esprit et charmantement affable.

Il ne se rendit que trop bien compte que son meilleur était gaspillé dans la lutte qui était son lot quotidien et qui se termina par la défaite désastreuse qui lui coûta la vie. Les éclairs d'égoïsme excité qui éclataient parfois en paroles brûlantes n'étaient que des signes d'impatience et de regret d'avoir été privé de la possibilité de cultiver les commodités et les grâces de la vie et de prendre le contrôle des pouvoirs supérieurs qu'il possédait consciemment. Quiconque prendra aujourd'hui la peine de lire ses écrits ultérieurs, son hommage à de vieux amis et ses essais comme celui sur « Growing Old Gracefully » saura qu'Horace Greeley avait l'âme d'un poète.

Grâce à sa connaissance de Thurlow Weed, mon père a fait la connaissance de M. Greeley et, grâce à M. Greeley, il a fait la connaissance du Dr George Ripley et du cercle des littéraires de Boston dont il était le centre. Boston n'était pas à cette époque une ville littéraire. S'il y avait un siège de la littérature en Amérique, c'était bien à Philadelphie, où il y avait très peu de traces visibles d'activité littéraire, dans la ville aux trois collines ; pas de Old Corner Book Store, pas de maison d'édition comme Ticknor and Fields, pas de *Scarlet Letter*, pas d'*Atlantic Monthly* et pas de *Evening Transcript*, par la suite l'un des meilleurs journaux d'un point de vue littéraire que ce pays ait jamais eu. Il existait cependant, à l'époque mentionnée, vers 1840, une coterie d'intellectuels brillants à Boston et à Cambridge, dont beaucoup atteignirent plus tard un certain degré d'éminence dans le monde littéraire.

C'étaient des jeunes hommes et femmes de belle culture, d'opinion libérale et animés par un nouvel esprit des temps qui, dans ce pays, se manifestait pour la première fois parmi eux. À cette époque, une vague d'intérêt pour ce qu'on appelait alors la réforme sociale déferla sur la France et l'Allemagne et atteignit nos côtes dans la baie du Massachusetts, pour finalement s'étendre à tout le nord et le nord-ouest, transmettant de nouvelles idées sociales et politiques à des milliers d'Américains intelligents. Ces nouvelles idées ont été discutées lors des réunions des jeunes gens pensants mentionnés ci-dessus, au cours desquelles ils ont également tenu d'autres débats importants sur des questions philosophiques, poétiques, éducatives, etc. Ils ont finalement créé un périodique comme organe appelé *The Dial*, une publication qui a immédiatement attiré l'attention par le style littéraire admirable de ses articles ainsi que par leur originalité et leur intérêt majeur. *The Dial* a eu pour effet de conférer une plus grande cohésion au groupe d'éditeurs, de contributeurs et d'autres personnes intéressées par sa publication, et ceux-ci sont désormais connus dans le monde sous le nom de Transcendantalistes ; un mot emprunté à l'Allemagne et un peu trop redoutable pour un usage général dans notre pays occupé.

Qu'elles soient alourdies par leur titre pesant ou qu'elles créent une atmosphère artificielle trop éthérée pour le commun des mortels, la première génération de Transcendantalistes fut aussi la dernière. Ils n'eurent pas de successeurs et *The Dial* , en tant qu'orgue, fut de courte durée. Elle exerça sans aucun doute une influence considérable à son époque ; et les membres individuels de cette fraternité au nom de longue date ont beaucoup contribué à façonner la pensée du peuple américain au cours des années suivantes. Parmi eux se trouvaient Ralph Waldo Emerson, Bronson Alcott, George William Curtis, Francis George Shaw, traducteur d'Eugene Sue et de George Sand, et père du colonel Robert Shaw, Margaret Fuller, Theodore Parker, le Dr Howe et sa fiancée Julia Ward, Charles A. Dana, John S. Dwight et peut-être une vingtaine d'autres esprits brillants. Les participants occasionnels à leurs rassemblements et les contributeurs à *The Dial* étaient Horace Greeley, William Page, puis président de la National Academy of Design, Thomas Wentworth Higginson et mon père, Charles Sears. Leur chef reconnu était le révérend George Ripley, fondateur de Brook Farm.

Je ne sais rien de plus sur cet ancien transcendantalisme que sur le pragmatisme d'aujourd'hui, et ce n'est pas grand-chose. Je crois que les deux écoles de pensée se ressemblaient sur ce point, elles estimaient toutes deux que la civilisation moderne s'était malheureusement et gravement égarée dans la quête de la richesse. Ce n'est pas l'argent, mais l'amour de l'argent qui est, aujourd'hui comme toujours, la racine de tous les maux. La première œuvre des créateurs de l'Amérique a nécessairement été la création de la propriété, l'accumulation des moyens de subsistance, mais nous avons poussé cette quête trop loin, sommes devenus fous d'argent sans savoir quand arrêter d'essayer de devenir riche et donner de notre temps. et l'attention aux choses supérieures.

Il y a un autre point à noter qui revêt une certaine importance, à savoir que les principaux transcendantalistes étaient, et les principaux pragmatistes sont aujourd'hui, des érudits et des universitaires. Il est vrai que l'Amérique ne formait pas d'universitaires dans les années 40 et on pourrait peut-être mieux dire que les transcendantalistes étaient des universitaires, mais comme plusieurs d'entre eux ont été éduqués en Allemagne, la connotation peut être maintenue. On disait de ces étudiants érudits que lors de leurs réunions, ils lisaient Dante dans l'original italien, Hegel dans l'original allemand, Swedishborg dans l'original latin, langue que le voyant suédois utilisait toujours, Charles Fourier dans l'original français, et peut-être le plus difficile. tâche de tous, Margaret Fuller dans la version originale anglaise. Margaret était un membre honoré de l'illustre entreprise et était tenue en haute estime ; mais ses écrits sont très difficiles à lire. Je peux tout à fait comprendre le jugement de James Russell Lowell dans sa « Fable For Critics » où il condamne un certain délinquant littéraire à une peine sévère, le condamnant à 30 jours de travaux forcés pour avoir lu les œuvres de Margaret Fuller.

C'est, comme je l'ai dit plus haut, après une de ses visites à Boston que mon père revint à la maison avec la suggestion d'envoyer Althea et moi à l'école de Brook Farm. L'idée rencontra une forte opposition de la part du côté hollandais de la Chambre, qui était mon côté pour tout ce que je valais, mais je suppose que mon père était d'avis qu'il était temps d' effacer une partie du provincialisme de l'ancienne colonie . Grâce à sa connaissance de Thurlow Weed, il a fait la connaissance de M. Greeley et, grâce à M. Greeley, il a été présenté au Dr Ripley et aux transcendantalistes, acquérant ainsi des vues plus larges et un plus large éventail d'idées que celles qui avaient prévalu à Beaver Street. depuis deux cents ans. Telle, je suppose, était la séquence des événements, non pas telle qu'elle avait été notée par un petit garçon, mais telle qu'elle avait été en partie imaginée et en partie raisonnée plus tard. On imagine aussi en partie la présomption selon laquelle mon père aurait été attiré par les idéaux philosophiques présentés par ses amis de Boston . Un homme d'affaires fatigué pourrait bien être impressionné par l'enseignement transcendantal selon lequel notre civilisation a commis une erreur en concentrant toute l'énergie humaine dans un seul objectif, celui de s'enrichir. Ils estimaient que même si le travail acharné nuit rarement à qui que ce soit, le travail monotone des usines à gagner de l'argent aboutit à un développement arrêté. Travaillez aussi dur que vous le souhaitez, dépensez toute votre énergie, tout votre talent, toutes vos compétences, mais pas dans la recherche de la richesse. Cela n'en vaut pas la peine et empêche de faire ce qui en vaut la peine . Faites de votre mieux au monde ; donnez tout ce que vous pouvez, mais assurez-vous d'obtenir un juste retour, non pas en argent mais en meilleures choses. Recherchez la culture, recherchez la connaissance, recherchez le caractère, recherchez l'amitié, la bonne volonté, la bonne santé, la bonne conscience, et la paix qui dépasse l'entendement vous sera ajoutée. Contentez-vous d'une petite mesure de la richesse de ce monde et n'aspirez pas à des luxes coûteux pour faire un spectacle. Pour cela, sortez à la campagne ; récoltez de vos propres mains ce dont vous avez besoin autant que possible, et suffisamment davantage pour l'échanger contre des choses que vous ne pouvez pas produire. Abandonnez le monde, la chair et le Diable et retournez au sol et trouvez le jardin d'Eden.

Mon père a accepté ces enseignements de bonne foi et a témoigné auprès de ceux qui, au sein de *The Dial* et par l'intermédiaire d'autres agences, propageaient la nouvelle philosophie. Ses engagements avec les autres étaient tels qu'il ne pouvait pas s'écarter à l'époque pour mettre ces idées nouvelles à l'épreuve de l'expérience réelle, mais sans aucun doute il pensait qu'il était sage et bien de donner à ses enfants une initiation précoce à la nouvelle vie qui devait se régénérer. le monde.

Le Dr Ripley était, comme nous l'avons dit, le leader de la coterie Transcendantale et il avait tout l'enthousiasme vitalisant qu'un leader doit nécessairement posséder. C'était un homme solidement bâti, de taille moyenne, avec des cheveux et une barbe bruns et les yeux les plus gentils du monde. C'était un pasteur unitarien, un érudit instruit dans tout le savoir des Égyptiens et de tous les autres peuples érudits de tous âges et de tous climats, et un gentleman au discours des plus engageants et courtois ; ses bonnes manières reposaient également sur des fondations rocheuses et ne pouvaient pas être corrompues par de mauvaises communications. Je l'ai vu plus d'une fois dans une situation assez dure pour éprouver la patience d'un saint, et j'ai remarqué avec une admiration surprise que son équilibre parfait n'était pas le moins du monde troublé.

C'est le Dr Ripley qui, ayant le courage de ses convictions, a courageusement suggéré de mettre en pratique les principes que lui et ses amis transcendantaux préconisaient en théorie. « Nous parlons bien, dit-il en effet, pourquoi ne pas essayer de faire ce que nous disons ? Et il l'a fait. Avec quelques-uns de ces amis partageant les mêmes idées, il se rendit à West Roxbury ; à six milles de Boston et acheta une ferme de 200 acres. Etant des gens exceptionnellement brillants, remarquablement intelligents, très instruits et, comme on peut le dire, brillamment éclairés, ils réussirent, presque au-delà de toute croyance, à conclure une terriblement mauvaise affaire. Je ne sais pas combien ils ont payé pour le terrain mais quel que soit le prix, c'était trop élevé. La propriété était pittoresque à regarder, mais son meilleur herbage était l'oseille . À côté du ruisseau, qui a donné le nom de Brook Farm, il y avait une bonne étendue de prairie, avec une colline arrondie appelée Knoll s'élevant brusquement au nord. La terre roulait de manière inégale sur environ un huitième de mille vers un terrain plus élevé, puis redescendait vers un plateau plat couvert de bois de pins, au-delà duquel se trouvaient deux ou trois champs de labour. Le sol était mince, sablonneux là où il n'était pas rocheux, et rocheux là où il n'était pas sableux. C'était en effet un endroit pauvre et mal cultivé jusqu'à ce qu'il devienne aussi maigre que le deuxième troupeau de vaches de Pharaon . Cela parle bien pour ces philosophes simples qu'en quatre ans ils aient fait que ce désert se réjouisse et fleurisse comme la rose ; cultiver les plus beaux jardins maraîchers et jardins de fleurs de Roxbury, planter des vergers et des vignobles et cultiver des pâturages pour une laiterie rentable.

Si les agriculteurs amateurs étaient consternés de constater à quel point ils avaient à biner sur ce domaine appauvri, ils ne se plaignaient jamais, autant que j'ai entendu, mais se mettaient résolument au travail qu'ils avaient à faire. Ils sont venus tenter une certaine expérience sociale ; une expérience de vie d'un type de vie supérieur à celui de leur époque et de leur génération, reposant sur la foi qu'une telle vie peut être vécue ici et maintenant aussi bien qu'avant dans le légendaire « âge d'or » du passé, ou comme ci-après dans le « bon moment à venir » du futur. Le seul objectif qu'ils avaient était de vivre ensemble dans l'unité « près du cœur de la nature », une expression attribuée à Margaret Fuller. Toutes les autres considérations, qu'il s'agisse de difficultés, de mauvais débuts ou de déceptions, n'étaient que secondaires s'ils parvenaient à démontrer la faisabilité de leurs idéaux élevés.

Cela n'intéresse peut-être pas beaucoup la génération actuelle, mais il nous a toujours semblé que ces Brook Farmers méritaient de garder un souvenir favorable. Ils n'étaient pas des martyrs, étant au contraire une compagnie inhabituellement joyeuse et heureuse, mais ils ont quand même donné le meilleur de leur vie au service de l'humanité. Ils croyaient honnêtement et sincèrement pouvoir démontrer la faisabilité de leurs théories, au profit de leurs semblables, et ils ont fidèlement essayé d'atteindre cet objectif. Si les pèlerins de Plymouth méritent d'être honorés pour leur dévouement désintéressé à la réforme religieuse, pourquoi les pionniers de la réforme sociale de Brook Farm ne recevraient-ils pas une reconnaissance appropriée en conséquence. Il est vrai qu'ils n'atteignirent pas immédiatement les objectifs qu'ils recherchaient, mais les pèlerins non plus ; et la fin n'est pas encore.

Il faut dire que tous les transcendantalistes n'ont pas rejoint le docteur Ripley dans son entreprise utopique. Ralph Waldo Emerson, par exemple, ne faisait pas partie de notre entreprise. En effet, il n'appartenait à aucune entreprise. Prédicateur inspirant, il acquit très tôt une renommée en tant qu'orateur de chaire dans la première église unitaire de Cambridge, Massachusetts, mais même la communion libérale de cette congrégation libre était trop étroite pour son esprit indépendant, et il abandonna une carrière brillante et prometteuse dans le ministère. , comme il le disait, « pour la paix de son âme ». *Sui generis*, pour être lui-même, il doit être seul, et il est resté seul pendant le reste de sa vie.

Une strophe de son poème « Le Problème » exprime sans doute quelque chose de ses sentiments à l'égard de l'appartenance religieuse :

"J'aime une église, j'aime un capuchon ,
j'aime un prophète de l'âme, et dans mon cœur, les allées monastiques
tombent comme des accents doux ou des sourires pensifs,
mais sa foi ne peut pas voir si je serais cet homme d'église à capuchon ."

De tous les visiteurs venus à Brook Farm, je pense qu'Emerson était le plus bienvenu. Il était aimé de tous, du Dr Ripley, cher ami et frère ecclésiastique, aux petits d'Abby Morton. Les messages de joie et les paroles de sagesse qu'il a apportés ont été reçus et précieux avec une appréciation intelligente. J'ai entendu dire qu'Emerson était à son meilleur lorsqu'il parlait dans le monologue d'une soirée à la Ruche, ou dans un discours plus formel dans le bosquet le dimanche. Il était sociable et entra dans la vie du lieu avec un plaisir évident – heureux mais pas jovial. Il souriait volontiers et avec beaucoup de charme, mais ne riait jamais. En tant que jeune homme, sa personnalité était des plus attrayantes, une bonté sereine illuminant son visage avenant ! Ma mère, également d'esprit serein, trouvait son visage le plus beau qu'elle ait jamais vu ; et elle était sûre que rire serait inconvenant et dérangeant.

Emerson aimait parfois être avec nous, mais jamais être des nôtres. Au début, le Dr Ripley lui écrivit une invitation cordiale à rejoindre l'association, la seule invitation de ce genre qu'il ait jamais donnée, je crois. L'invitation a été déclinée dans une note citée par le révérend OB Frothingham dans son admirable biographie du Dr Ripley, comme suit :

« Il est grand temps que je réponde à votre proposition de m'aventurer dans votre nouvelle communauté. Le dessein me paraît noble et généreux, ne procédant, comme je le vois clairement, de rien de secret, d'égoïste ou d'ambitieux, mais d'un cœur et d'un esprit virils. Ainsi, tous les hommes sont ses amis et ses débiteurs. Une affaire à aborder dans un esprit amical et à examiner quant à ce qu'elle nous réserve.

« J'ai décidé de ne pas y adhérer, mais très lentement et je pourrais presque dire, avec pénitence. Je suis grandement soulagé d'apprendre que vos coadjuteurs sont maintenant si nombreux que vous n'attacherez plus à la défection d'individus cette importance que vous m'avez laissé entendre dans votre lettre ou que d'autres pourraient posséder – je veux dire le pouvoir douloureux de faire échouer le plan.

CHAPITRE III.
UN ÉTRANGER DANS UN PAYS ÉTRANGE

Les préjugés raciaux étaient considérés comme une vertu dans la Vieille Colonie et les véritables et solides familles hollandaises trouvaient tout sauf honorable que les enfants de Van Der Zee — nous avons eu l'honneur d'être considérés comme des Van Der Zees dans Beaver Street — soient envoyés dans un établissement anglais. école dans la ville lointaine de Boston. Le Massachusetts était, pour eux, une colonie anglaise, et les gens qui y vivaient étaient anglais, c'est-à-dire étrangers, étrangers et dignes de confiance. Cependant, lorsqu'on apprit que nous partions effectivement et que ma mère entreprit de faire les préparatifs minutieux jugés nécessaires à une entreprise aussi formidable, de bons amis arrivèrent apportant des cadeaux jugés appropriés pour l'occasion, des mitaines et des cache-nez tricotés, des tartes et des gâteaux, des pommes. et du cidre, et des provisions de choix dans la cave et le garde-manger, suffisamment pour approvisionner un navire pour une longue croisière. Mon petit ami le plus proche , Gratz Van Rensselaer, m'a donné son couteau. On peut comprendre à quel point nos relations étaient étroites par le fait que nous avions un signal privé, un sifflet particulier que nous avions l'habitude de nous appeler, comme les garçons ont l'habitude de le faire lorsqu'ils sont en termes d'intimité exclusive. Pour citer M. Peggotty : « Un homme ne peut pas dire plus juste ni cela, n'est-ce pas ?

Lorsque Gratz descendit dans ses poches et me tendit ce couteau dans un silence solennel, je compris pleinement qu'il faisait un sacrifice sur l'autel de l'amitié. Tout critique de cet écrit sera en droit d'objecter que je n'ai probablement pas formulé l'idée en ces termes seulement, mais c'est quand même à peu près l'ampleur de la question.

Je ne sais pas si mon camarade de classe a utilisé notre appel par la suite, car notre séparation était une finalité, mais pour ma part, je l'ai emporté avec moi à Brook Farm où mes nouveaux camarades l'ont immédiatement adopté. Plus tard, les aînés l'ont repris et, finalement, il est devenu largement connu sur la surface de la terre sous le nom de « l'appel de Brook Farm ». Il est allé en Californie avec un jeune couple marié au début des années cinquante ; en Chine avec un de nos garçons devenu capitaine d'un paquebot du Pacifique ; en Espagne et en Russie avec un autre membre du service diplomatique des États-Unis ; en Italie avec deux filles dont le père était artiste ; aux Philippines avec des étudiants retournant chez eux à Manille, et dans tous les quartiers où les Brook Farmers ont trouvé leur chemin, comme ils semblent toujours s'en souvenir.

Une particularité qui a peut-être aidé à le garder à l'esprit était qu'il se composait de deux parties, la convocation et la réponse ; la première partie diffère légèrement de la seconde, pour distinguer l'ami qui répond à l'ami de l'étranger qui imite simplement les sons entendus accidentellement ou accidentellement. Quelle était la différence peut être apprise à partir de la notation donnée ici.

Une autre particularité de l'appel était qu'il avait la qualité de prendre le caractère de celui qui l'énonçait. Par exemple, Annie Page était la fille que j'admirais le plus avec dévouement, et lorsqu'elle « me donnait sa réponse vraie » en réponse à mon signal, son petit trille musical me faisait sonner comme la voix de la grive qui chantait dans les pinèdes. Par contre, il y avait Frank Barlow, que nous appelions « Crazy Barlow » en raison de sa fuite en avant vers n'importe quel objet qu'il avait en vue, et il pouvait rendre l'appel strident et excitant comme un fifre.

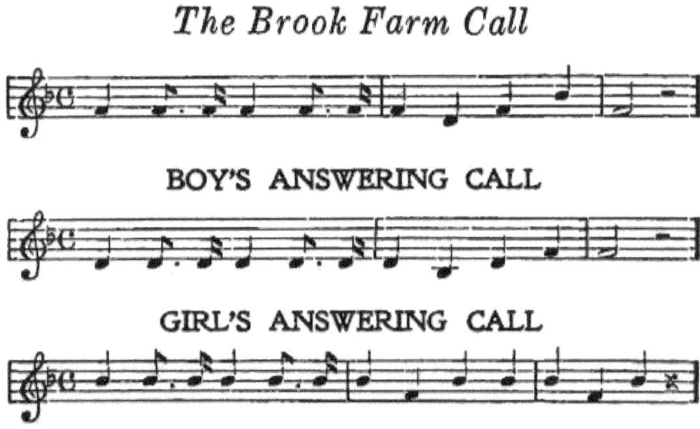

J'ai rencontré Frank un matin à la fin de la guerre civile, alors qu'il marchait le long de Pennsylvania Avenue à Washington à son rythme effréné habituel. Il était alors le major-général Barlow, l'un des grands généraux de l'armée de l'Union, mais il était avant tout et toujours un Brook Farmer, alors je lui ai fait signe avec le même vieil appel. Il s'arrêta brusquement, répondit à mon salut et traversa l'avenue en courant, les deux mains tendues. Aucun de nous n'avait plus que peu de temps, mais nous ne pouvions rien faire de moins que de nous rendre dans un lieu de villégiature pratique pour une bonne conversation chaleureuse sur le bon vieux temps de West Roxbury.

Depuis, d'autres expériences avec l'appel me sont venues à l'esprit, mais aucune dont je me souvienne avec plus de plaisir. Aujourd'hui, il n'y a que peu ou pas de personnes à qui répondre, même si je lance avec ferveur ce vieil appel. Comme on peut le voir ci-dessus, la petite succession de notes est très simple, mais elles transmettent une signification mondiale à ma vieille oreille.

Si deux petits garçons hollandais de la Vieille Colonie ont composé cet opus mémorable, ils ont sûrement fait mieux qu'ils ne le pensaient, mais mon idée est qu'ils ont dû entendre quelque chose de similaire et répéter les sons sans se rendre compte qu'il ne s'agissait que de souvenirs et non d'inventions originales. Les bateliers du canal Érié annonçaient leur entrée dans le bassin d'Albany en soufflant dans un cor, généralement un cor d'étain, dur et discordant. Les paquets de passagers, cependant, devant «entrer au port en grand», sonnaient un clairon, parfois vraiment odieux . Ce sont peut-être ces notes de clairon, imprimant leur douce succession sur les jeunes esprits subconscients , qui ont donné la première suggestion de l'appel de Brook Farm.

Comme mes lecteurs peuvent le constater avec plus ou moins de patience, il faut du temps aux habitants de la Nouvelle-Hollande pour se lancer dans un long voyage. Notre voyage fut en vérité long, car il nous fallut deux jours et une nuit pour l'accomplir. L'horaire express du Boston and Albany Railroad est de quatre heures entre les deux villes ; mais il n'y avait pas de voyages express dans les années quarante, sauf par paquets de passagers sur le canal Érié, mentionné ci-dessus. Ces voyageurs rapides couraient à la vitesse maximale de quatre milles à l'heure et ne s'arrêtaient qu'aux écluses ou aux ponts, ou pour changer de cheval, ou pour embarquer quelqu'un ou laisser quelqu'un débarquer. Si les visites de ma mère à ses parents s'étendaient jusqu'à Schenectady, elle faisait le voyage sur l'un de ces paquebots Swiftsure , peut-être le *Swallow* , ou le *Gleam* ou l' *Alida* , généralement accompagnée d'un ou deux d'entre nous, les enfants ; et c'était certainement un voyage très agréable par beau temps. Glisser en douceur à travers la campagne sur le pont d'un bateau fluvial est une méthode de locomotion offrant la possibilité de contempler le paysage avec beaucoup de confort et des changements de divertissement constants, mais pas trop rapides. Courant nécessairement le plus près possible du rivage, un léger déplacement de la barre par un timonier obligeant permettrait à un petit garçon d'effectuer un atterrissage et de jeter un coup d'œil rapide dans la forge du canal, ou de faire un bout de chemin avec le jeune conduisant les chevaux. , puis rembarquez sans trop attirer l'attention. Dans cette progression tranquille à travers les villes, les villages et les quartiers agricoles, on pouvait faire comme une véritable connaissance de personnes et de lieux qui ne pourraient autrement être formés, sauf peut-être lors d'une tournée à pied. Des amitiés durables et même des romances ont résulté, dans le passé, de l'échange de salutations et de commérages entre les passagers de paquets et les gens au bord du canal attendant des papiers, des colis ou des messages, ou simplement intéressés à voir passer le bateau Swiftsure .

Le dernier des bateaux Swiftsure est passé il y a très, très longtemps, et les générations suivantes de Néerlandais ne connaissent pas les joies de voyager sur le canal. Heureusement, dans les vieux Pays-Bas, les voies navigables sont encore des voies de déplacement ainsi que de circulation. Les gens décontractés des Pays-Bas, jamais pressés, se contentent d'avancer à un rythme modéré, sans se soucier de la vitesse, prenant leur confort au fur et à mesure. L'Américain, dans son pays, peut trouver une diversion à considérer en s'écartant quelques jours de la routine habituelle, et en entrant dans la vie de ces bonnes gens, assez loin pour faire un ou deux voyages en treckschuyt sur les canaux qui forment un facteur si important de leur système de transport. En atterrissant à Anvers, par exemple, on ne pourrait pas faire mieux que de faire immédiatement une excursion en treckschuyt , avant que l'éclat de l'anticipation n'ait été effacé par la friction de nombreuses visites touristiques. Anvers est en Belgique, bien sûr, mais c'est l'un des meilleurs ports d'arrivée à la fin d'un voyage transatlantique, et depuis son port bondé, un passage peut être pris vers presque n'importe quel point des Pays-Bas, ou, d'ailleurs aux quatre coins du globe. De là, faites un tour en treckschuyt jusqu'à Bruges, et un autre jusqu'à Gand et partout ailleurs, selon votre fantaisie. Ou bien, supposons qu'un arrêt soit fait à La Haye - tout le monde va à La Haye - de courts voyages peuvent être effectués jusqu'à Delft, Rotterdam et Dordricht , en plein milieu de la Hollande, ou, dans l'autre sens, jusqu'à Leyde et jusqu'à Amsterdam. Cependant, il est inutile de rédiger un itinéraire, car il existe déjà suffisamment de guides touristiques. Tous les lieux sont intéressants et tous sont accessibles. La seule chose à laquelle il faut penser est le déplacement d'un endroit à un autre en treckschuyt . Pour passer un bon moment, le voyageur doit être capable de s'adapter à son environnement. Il doit supporter les habitudes des gens telles qu'il les trouve et ne pas s'attendre à ce qu'ils s'adaptent à ses habitudes, à la manière de l'Anglais des Pyramides, qui insistait pour que ses Arabes lui donnent des sandwichs au bœuf et du bar pour le déjeuner. . Les Néerlandais sont courtois et hospitaliers, mais ils ont leurs propres conceptions, et selon celles-ci ils s'opposent à tout ce qui est étranger et étrange. Si le voyageur américain peut effectuer un voyage en treckschuyt dans le bon esprit, il peut vivre une expérience agréable et précieuse, et il sera reconnaissant pour la suggestion donnée ici.

C'était une journée froide, au sens propre, et, pour moi, une journée froide, au sens figuré, lorsque nous avons finalement commencé notre voyage vers la ville de Boston. Nous avons traversé l'Hudson par le ferry de Van Alstyne , débarqué à Bath et trouvé notre chemin, d'une manière ou d'une autre, jusqu'à Greenbush, le terminus du chemin de fer. Les amis se sont rassemblés pour nous accompagner, ont observé la rive avec anxiété jusqu'à ce que nous atteignions Bath en toute sécurité car il y avait de la glace coulant dans la rivière. La glace était à peu près aussi épaisse que du papier, mais elle suffisait à éveiller de nouvelles craintes dans le cœur maternel quant aux périls du redoutable voyage.

Van Alstyne se composait d'un chaland, propulsé par des chevaux et équipé d'une plate-forme articulée à chaque extrémité qui, une fois descendue pour toucher le rivage en étagère, offrait les moyens d'entrée et de sortie. C'était un bon gros chaland, assez grand, en effet, pour transporter deux attelages à la fois, si l'on prenait soin de monter et de descendre sur la plate-forme pivotante. Il était dirigé par un grand aviron entre les mains compétentes de Myndert Van Alstyne qui dirigeait l'engin, tandis que son frère Wynant collectait les tarifs et maintenait la machinerie en mouvement à l'aide d'un gad en hickory.

Nous sommes arrivés à Springfield vers le soir et avons pris une chambre pour la nuit à la Massasoit House. C'est ici que nous avons trouvé les premières preuves d'être des étrangers dans un pays étranger, ce qui, selon mes parents néerlandais, s'avérerait nécessairement ennuyeux. Nous avions faim et le dîner à l'hôtel était tout sauf satisfaisant. Comme chacun le sait, les Néerlandais sont de bons gens de tranchée. Chez nous, nous avions toujours une table pleine, et chez grand-père Van Der Zee, il fallait qu'il y ait plus sur le plateau que ce qui pouvait être consommé, sinon il n'y avait pas assez de feu pour plaire aux Baas. Au Massasoit, il y avait un spectacle dans la salle à manger, mais à l'essai les choses fournies n'étaient pas acceptables. Le lait était peu épais, et le beurre et les œufs ne ressemblaient pas du tout à ceux de la maison, fraîchement sortis de la ferme. Cela pourrait cependant être compris et autorisé. Les vaches et les poules étaient anglaises et, par conséquent, naturellement inférieures aux nôtres, donc on n'y pouvait rien. Ce qui ne pouvait être toléré et ce que je ressentais avec indignation, c'était la fraude flagrante pratiquée sur des voyageurs imprudents en ce qui concerne la « pièce de résistance », l'élément principal du repas tel qu'il me semblait. Il s'agissait d'un gâteau de bonne taille ou éventuellement d'un pudding aux prunes, empilé en tranches rondes sur un grand plateau au milieu de la table. Comptant sur cette délicieuse et riche confiserie brune pour compenser les défauts du souper, j'ai obtenu une portion généreuse et j'ai pris avec impatience la grosse bouchée d'un garçon. La consternation et la consternation furent immédiatement prises en compte car tout ce que ces mots pouvaient signifier ! Le gâteau-pudding ne s'est pas transformé en cendres dans ma bouche – c'était déjà de la cendre – de la cendre, de la sciure et de la mélasse. Althea, voyant ma déception et mon dégoût, a refusé de participer à ce mets délicat, mais mon père a réussi à en manger un peu, expliquant qu'il s'agissait de pain brun de Boston.

CHAPITRE IV.
UN MAUVAIS DÉBUT

M. Jonas Gerrish , ou tout simplement Gerrish , était le United States Mail, l'Express, la Freight Line et le système de transport en commun rapide de Brook Farm. Il effectuait deux voyages quotidiens entre la Ruche et Scollay's Square, parcourant la distance de six milles en une heure et demie environ, faisant tout son possible pour accueillir ses clients, selon les circonstances. Nous avons trouvé Gerrish qui attendait au dépôt lorsque nous sommes arrivés à Boston, avec une demi-heure de retard. Il était un peu impatient, car il disait que la neige allait arriver et qu'il craignait un retard pour rentrer en ville. Gerrish avait tendance à être impatient, mais c'était tout à fait apparent car il était vraiment très gentil et serviable. La neige a commencé à tomber avant que nous soyons sortis des rues et nous avons atteint notre destination au milieu d'une tempête violente.

Père décida de revenir immédiatement avec Gerrish , ayant des affaires à Boston qui pourraient mal tourner s'il devait rester à West Roxbury. Ses appréhensions n'étaient que trop fondées, la communauté de Brook Farm étant enneigée dans la Ruche pendant les trois jours suivants. Il nous a laissé en toute hâte la garde de la bonne Mme Rykeman , la mère de famille de la Ruche, en promettant de venir samedi pour le week-end à la Ferme - même si je ne sais pas, à bien y penser, que le Le week-end de nos sorties actuelles nous était connu à cette époque.

Mme Rykeman avait entre les mains deux enfants abandonnés, froids et fatigués, dont l'un tout au plus était un jeune très misérable, en effet, loin de sa mère, de son foyer et de tout ce qui fait que la vie vaut la peine d'être vécue. Notre hôtesse nous conduisit dans sa propre chambre et nous installa confortablement comme elle le pouvait, et, aussitôt que la cloche sonna pour le dîner, elle nous conduisit à la salle à manger. C'était une pièce longue et nue, contenant dix ou douze tables carrées, également nues, à l'exception de la serviette, du couteau, de la cuillère et du bol à chaque place. Alors que nous entrions à un bout de la pièce, un groupe de filles est entré à l'autre bout, apportant des pichets de lait et des tas de pain brun Boston. Il y avait aussi du pain Graham ou, comme nous l'appelons aujourd'hui, du pain complet et de la compote de pommes, mais le repas était principalement composé de pain brun et de lait. J'ai alors appris que le lait étranger était pauvre et maigre parce qu'il était écrémé. L'idée de mettre du lait écrémé sur la table était inconnue dans la Vieille Colonie .

Je ne pouvais pas ou ne voulais pas toucher à l'abominable pain bis et, en attendant que les filles servent les œufs ou les côtelettes ou tout ce qu'il y avait pour le souper, je passais le temps à essayer de comprendre le sens des bavardages et des rires qui remplissaient la salle. salle avec gaieté. Il semblait y avoir une lueur de sens de temps en temps, mais, dans l'ensemble, il était impossible de saisir la signification de ces discussions rapides qui se déchaînaient de table en table. En effet, il était toujours difficile pour un étranger de se lancer dans le courant de la conversation générale à Brook Farm. Les jeunes et brillants passionnés étaient tous d'une certaine manière d'un même avis ; en étroite sympathie et prompts à se comprendre. Un mot, un regard, un geste exprimaient une pensée. Une allusion, un souvenir, une citation juste suggéraient une idée clairement comprise par les auditeurs attentifs ; et un éclair d'esprit était immédiatement suivi d'un éclat de joie, dont l'écho était jusqu'à la limite.

Il va sans dire que ces réflexions n'étaient pas encore présentes dans mon jeune corps, mais qu'elles sont plus tardives et sont le fruit d'une observation plus longue. Je devais être dans une sorte de labyrinthe, m'interrogeant sur les divertissements que je pouvais voir et entendre mais que je ne pouvais pas comprendre, et me demandant aussi quand le dîner allait arriver. J'étais sur le point de demander à Mme Rykeman combien de temps nous devions attendre, quand, ouf ! toute l' affaire du repas était terminée. Tout le monde se leva en même temps et s'envola comme une volée d'oiseaux, laissant un petit garçon étonné cherchant quelque chose à manger.

Althea s'enfuit avec les autres, retournant bientôt s'occuper de son frère abandonné, mais, découvrant que j'avais été emmené à la cuisine pour quelque chose qui pourrait au moins atténuer la sensation de faim, elle rejoignit les filles dans le salon, où il y avait déjà une danse en cours. Althea était une fille brillante, vive, alerte, reconnaissante et sociable. Elle a immédiatement pris sa place dans la communauté de Brook Farm avec la meilleure grâce. Elle se lia facilement d'amitié avec Abby Ford et sa sœur, avec Annie et Mary Page, avec les frères Barlow et avec les étudiants espagnols d'à peu près son âge. Parmi ces derniers, Ramon Cita ou Petit Raymond devint par la suite son cavalier particulier. Ramon était le plus jeune et le plus petit des Espagnols, en plus d'être le plus beau selon nos critères, et c'était aussi un petit gentleman très charmant. Il y avait huit de ces garçons et jeunes hommes, et ils étaient tous courtois et polis à un degré que nous, jeunes Américains, pouvions admirer, mais que nous pouvions difficilement atteindre. Ils devaient être membres de familles distinguées, car ils reçurent plus d'une fois la visite de hauts fonctionnaires de la légation espagnole à Washington.

Autant dire ici que ces étudiants ont été envoyés de Manille pour se préparer à Harvard dans l'école du Dr Ripley à Boston ; une école qui fut de première renommée au début des années quarante. Le Docteur l'a transféré avec plusieurs professeurs à West Roxbury, où il est devenu le noyau de l' école Brook Farm . Les filles Ford, avec leur tante, Miss Russell, les garçons Barlow et leur mère, ainsi que les jeunes de Manille étaient, je crois, parmi ceux qui émigrèrent de l'école de Boston.

Nous aimions tous beaucoup les jeunes Espagnols et, depuis lors, j'apprécie toujours les personnes de leur nationalité que j'ai rencontrées dans mon pays et à l'étranger. Ils peuvent nous apprendre les bonnes manières tous les jours de la semaine ; mais ils ont une particularité qui doit paraître certainement plutôt étrange à l'Américain moyen. Il s'agit de leur utilisation courante et familière de mots et de noms que nous considérons comme sacrés et qu'il est difficile de prononcer en dehors de la salle de réunion. A titre d'exemple, il peut être permis, à cette époque tardive, de mentionner sans donner de nom de famille, qu'un de nos élèves a été baptisé Jésus Marie, et qu'un autre par le même rite a été désigné Joseph Saint-Esprit.

Avant l'heure du coucher, la tempête de neige avait atteint la hauteur d'une tempête terrible, la plus violente et la plus dure de l'hiver, et ce que l'hiver de la Nouvelle-Angleterre peut faire lorsqu'il s'y efforce ne peut être connu que par l'expérience, car aucune description ne peut donner une idée adéquate de la situation. des explosions féroces, la poussée de neige durement gelée et le froid terrible forcé à travers les vêtements, la chair et les os par les lances perçantes et les marteaux martelants des démons des vents du Nord-Est. Trois jours et trois nuits, les puissances de raid de l' Arctique ont fait rage autour de nous et ont bloqué tous, sauf les plus robustes et les plus forts d'entre nous, dans les quartiers les plus proches de la Ruche. S'aventurer hors de la maison, c'était risquer sa vie. Personne n'était autorisé à courir de tels risques seul, car en cas de chute, il y aurait peu de chances de se relever sans aide, mais des groupes de deux ou trois jeunes gens se rendaient aux granges pour s'occuper du bétail ou se relever. aux Eyrie, au Cottage et au Pilgrim Hall pour s'assurer que tout allait bien et pour amener un traîneau de literie pour les enfermés. Dans leurs services, les végétariens rivalisaient avec les « cannibales », comme ils appelaient avec dédain ceux qui étaient encore liés aux marmites de chair d'Egypte, mais je ne crois pas qu'il y ait eu suffisamment de bœuf mangé sur place pour justifier des comparaisons. fait, et, en tout cas, ils en sont tous ressortis pareils, assez épuisés.

Le lendemain matin, je me suis réveillé sur un canapé dans le hall supérieur, où je m'étais étendu, vers minuit, pour un moment de repos. Althéa m'avait soigneusement ôté mes chaussures et m'avait recouvert de manteaux et de châles, sans que je le sache. L'essaim de la Ruche avait assez bien illustré l'idée du poète sur l'intimité tumultueuse de la tempête, quant au tumulte, mais quant à l'intimité, c'était ce qu'on pouvait avoir dans une maison surpeuplée de jeunes gens excités. L'amusement et l'amusement étaient au rendez-vous, et tout le monde supportait les ennuis de cette soirée tumultueuse avec une grande bonne humeur ; un petit gars fatigué, contrarié et agité étant exclu du compte. Il l'était, c'est certain. Toujours à Brook Farm, quiconque n'en faisait pas strictement partie, pour reprendre une expression plus récente, était absolument exclu. Il fallait être à bord du train ou se retrouver seul sur le quai.

J'étais dans une meilleure situation après ce qui devait servir de toilette matinale, car Mme Rykeman avait promis de compenser un maigre dîner par une bonne boisson chaude . Brewis était un nouveau mot et j'étais plus que prêt à tester les mérites de cet aliment inconnu, car, d'après mon expérience, tout ce qui était considéré comme bon à manger était sûr de s'avérer savoureux. La salle à manger servait de dortoir pour les femmes et les filles, et le petit-déjeuner était pris debout dans le salon ou le hall ou partout où l'on pouvait trouver des endroits en dehors de la cuisine où se déroulait le travail. Quand mon bol m'a été remis, il était rempli du pain bis éternel bouilli dans du lait. C'était Brewis . J'étais juste en colère !

Les mercredis et jeudis de cette première semaine à Brook Farm furent des jours vraiment tristes. J'ai mal commencé ! Enfermé chez moi par la plus violente tempête de l'année, je boudais dans les coins, seul dans la foule, la solitude la plus solitaire. Les professeurs faisaient de leur mieux pour maintenir les cours dans les chambres, mais, en raison de l'irrégularité des séances, j'étais autorisé à m'absenter sans remarque. Althea et quelques autres ont essayé de m'entraîner dans le pique-nique continu qui se déroulait partout dans la maison pour ensuite apprendre qu'il n'y avait rien à faire dans la retraite de mon frère. A l'heure du repas, le pain bis exaspérant était invariablement offert pour mon plaisir, et cela je le considérais comme un affront personnel. En recourant à l'aide astucieuse de l'allitération, on peut dire que je semblais forcément être dérangé par le pain brun de Boston. Je ruminais matin, midi et soir avec la seule idée que lorsque mon père reviendrait, je le supplierais de me ramener à la maison.

Il s'est avéré plus tard que je n'étais pas complètement négligé par les autorités pendant cette période difficile, car elles avaient gardé les yeux rivés sur le nouveau garçon et réfléchissaient sérieusement à cette même idée, pensant qu'il valait peut-être mieux conseiller à son père de Emmenez le au loin. Ce youker austère était manifestement si malheureusement déplacé qu'ils étaient enclins à ne pas essayer de le garder. C'est vrai que c'est un mauvais début !

Il ne s'agissait pas d'une décision adoptée pour répondre à un cas particulier, mais plutôt d'une règle non écrite de la communauté. Brook Farm était une société solidaire, une entreprise unie pour mettre en pratique certains principes et atteindre certains résultats, et seuls ceux qui pouvaient entrer dans l'esprit du mouvement et aider à poursuivre la grande œuvre étaient recherchés. Ceux qui n'ont pas aidé, gêné et entravé la tâche de réforme de la société ne pouvaient pas être autorisés. Comme pour la communauté, il en va de même pour l'école. L'école était une organisation indépendante, mais elle était également une organisation expérimentale, constituant pratiquement une première tentative pour inaugurer un enseignement industriel, et seuls les élèves aptes à un tel enseignement étaient recherchés. Ce n'était pas un lieu pour les faibles d'esprit, les déficients ou les intraitables, mais pour les enfants brillants, capables de répondre à des instructions orientées vers certains objectifs. Les enseignants, sincèrement dévoués à ces cours choisis, ne pouvaient pas se permettre de consacrer du temps et de l'attention aux incompétents.

Ces faits méritent d'être mentionnés pour la raison que Brook Farm en général et le Dr Ripley en particulier ont été censurés pour avoir refusé d'accepter des membres de la communauté et des élèves de l'école non aptes à transmettre des engagements tenus pour presque sacrés. Cette exclusivité n'était ni dure ni peu charitable, mais était simplement nécessaire compte tenu des circonstances. Accuser Brook Farm d'être païen et antichrétien sur ce point, comme l'ont fait certains critiques puritains, est aussi injuste que de reprocher à Luther Burbank d'avoir rejeté un millier de plantes pour cultiver la seule pousse qui promettait de répondre à son objectif. Pour toute expérience, la sélection minutieuse du matériel est non seulement appropriée mais indispensable.

Vendredi, la tempête s'est calmée et les choses ont commencé à s'améliorer partout à mesure que les côtés se dégageaient. Dans l'après-midi, le Dr Ripley et Charles Hosmer rentrèrent de Boston, salués avec joie par tout le monde, à l'exception de Maître Grumpus , qui aurait dû être plus que reconnaissant de leur arrivée à temps, s'il l'avait su. Le samedi matin, les cours réguliers reprenaient en classe, mais je me tenais à l'écart, à l'écart ; une cachette étant l'étable à vaches. Ici, Charles Hosmer m'a trouvé par hasard, semble-t-il, mais vraiment par intention bienveillante sans doute, et m'a adressé un salut chaleureux que je ne pouvais pas être assez grossier pour ne pas répondre.

"Es-tu le garçon qui vient d'Albany?" Il a demandé.

«De la vieille colonie , à Albany», répondis-je.

"Je suppose", a-t-il poursuivi, "vous n'avez pas encore été affecté à vos cours ?"

J'acceptai ce récit d'une absence sans permission, et il me proposa alors que si je n'avais rien d'autre sous la main, je pourrais l'aider à faire un toboggan. N'ayant jamais entendu parler d'une telle chose, j'ai accepté l'invitation. En nous procurant quelques pelles, nous avons dégagé un chemin jusqu'à la butte ; et, en chemin, M. Hosmer m'a expliqué qu'Angus Cameron, un autre nouvel élève, originaire du Canada, avait apporté à l'école un toboggan, une sorte de traîneau, et que nous devions lui tracer un chemin ou un toboggan lisse, de sorte que le les garçons et les filles pouvaient l'essayer l'après-midi lorsqu'il n'y avait pas de cours.

Nous nous sommes mis au travail avec volonté, enfonçant la neige avec les pelles, en nivelant les endroits inégaux et en formant une piste claire et dure depuis le sommet de la butte jusqu'au ruisseau. Au bord de la berge, nous avons empilé un plan incliné, mouillant la neige et construisant un monticule d'environ cinq pieds de haut. À partir de cette altitude, a déclaré M. Hosmer, le toboggan, descendant le toboggan, filait vers le haut et vers l'avant et atterrissait de l'autre côté du ruisseau. Cela me parut une chose très désirable à faire, et pendant que je terminais le travail à la pelle, mon compagnon retourna à la Ruche et sortit le toboggan.

Cette commodité , assez connue aujourd'hui, était nouvelle pour nous, et nous ne savions pas bien comment nous en servir. Cependant, nous sommes arrivés à la chose d'une manière ou d'une autre, et nous sommes partis sur le toboggan. Le toboggan était bon et le plan incliné était bon, donc nous avons fait la descente et la montée sans problème, planant au-dessus du ruisseau comme un oiseau, mais l'atterrissage de l'autre côté était tout à fait faux. Nous heurtons le banc de neige comme un bélier, la neige s'accumulant devant nous aussi dure que la pierre ; le choc a été terrible ! M. Hosmer a eu le pire lorsqu'il s'est catapulté dans la dérive, tandis que je suis tombé en tas sur ses épaules. Il sortit de la dérive à quatre pattes, soucieux uniquement de savoir si j'étais gravement blessé. Après m'avoir assuré qu'à moins que son dos, ses jambes et ses bras ne soient cassés, il n'y avait aucun dommage, il se redressa et déclara qu'il était indemne mais terriblement humilié. « Comment un homme peut-il être assez idiot pour se jeter tête première contre une barricade pareille ? C'est la question qui lui a été suggérée, seulement il n'a pas dit exactement « idiot condamné », mais il s'est excusé pour les mots emphatiques qu'il a utilisés, et comme ils n'ont pas l'air bien imprimés, il n'est pas nécessaire de les répéter.

Malgré son bluff, j'ai vu qu'il souffrait et je voulais qu'il retourne à la Ruche, mais il a insisté pour terminer notre travail. Sous sa direction, je me vautrais dans la congère, d'avant en arrière, piétinant un passage, puis je pressais la neige durement et à plat, utilisant le toboggan comme une planche. Pendant ce temps, M. Hosmer était devenu très blanc et tombait maintenant sur le toboggan, mou et malade. Le choc avait perturbé sa digestion. Comment le ramener à la maison ? En empruntant des rails à la clôture en bordure de route, je les ai posés sur la bande d' eau libre au milieu du ruisseau, j'ai empilé de la neige dessus et j'ai traîné mon patient sur le toboggan. J'ai essayé de le hisser sur la butte, mais il a protesté, affirmant qu'il allait beaucoup mieux et qu'il était parfaitement capable de marcher. Il a réussi à gravir la colline en rampant et m'a laissé des instructions pour trouver Angus Cameron et le rejoindre pour prendre en charge le toboggan dans l'après-midi.

Après avoir fait une demi-douzaine de sauts volants au-dessus du ruisseau avec le nouveau moyen de transport, avec autant de secousses et de chutes dans la neige, j'ai réussi à maîtriser la chose et à la diriger avec une délicieuse aisance. évoquant le vol d'un oiseau.

CHAPITRE V.
UNE BONNE FIN

Le dîner de samedi a dissipé toutes les craintes de famine liées aux maigres plats de Brook Farm, la table étant abondamment garnie de bœuf bouilli, de légumes, de pain Graham et de bon beurre sucré comme à la maison, et, par-dessus tout, de pudding indien cuit au four, un véritable luxe. M. Hosmer ne s'est pas présenté, étant confiné dans sa chambre du chalet. Apprenant que le Dr Ripley avait l'intention de venir là-bas, j'ai demandé la permission de l'accompagner et on m'a dit d'être à la bibliothèque, qui était également le bureau du président, à quatre heures.

N'étant pas habitué aux changements rapides de Brook Farm, ma petite conversation avec le Dr Ripley m'a retardé de quelques minutes au Knoll, où j'ai trouvé une vingtaine d'enfants et deux fois moins d'adultes engagés dans une mêlée de boules de neige. En me renseignant sur Angus, je lui ai remis le toboggan pour la première balade. Il m'a demandé si le toboggan s'était bien passé, si j'avais sauté par-dessus le ruisseau et si M. Hosmer était grièvement blessé. Comme il était un peu réticent à se manifester, pour ainsi dire, j'ai pris l'initiative d'inviter à me rejoindre toute fille qui aurait le courage d'affronter la musique. Poussée par ma sœur Althea, Annie Page a pris le siège proposé et nous avons plongé dans le toboggan comme un coup de feu, toute la compagnie observant notre aventure avec un intérêt intense et pas un peu d'anxiété. Le vol nous a coupé le souffle, mais nous avons traversé le ruisseau et nous sommes dirigés vers la neige fine de la prairie d'un seul coup, sans heurts ni interruption sur le chemin. Annie était ravie et me remerciait encore et encore de lui avoir procuré un plaisir aussi surprenant.

Dans ces circonstances, j'ai pensé qu'Althea pourrait être la prochaine fille à faire le voyage et, en montant la colline, j'ai appelé Old Colonie , qu'elle a reconnu et a répondu. Annie a remarqué le sifflet et la réponse, et a demandé ce que cela signifiait, et quand j'ai expliqué le signal, elle a répondu : « J'aimerais apprendre cela. Je l'ai immédiatement répété jusqu'à ce qu'elle comprenne les notes, et bientôt la tension a été répercutée dans tout le Knoll, et à partir de ce moment, c'est devenu l'appel de l'école. À partir de ce moment aussi, Annie Page est devenue pour moi la seule fille du lieu. Elle a occupé ce poste à mon égard jusqu'à trois ans plus tard, lorsqu'elle et sa sœur sont allées vivre avec leurs parents en Italie. Elle avait un an, un mois et un jour de moins que moi, mais elle était de loin ma plus âgée à l'école. C'était un avantage pour moi, car cela avait pour effet de me faire avancer dans mes études afin d'accéder à ses cours. Nous étions ensemble une bonne partie en dehors des heures de classe, effectuant le même travail, lorsque cela était possible, comme nourrir les lapins dans la garenne au fond des Eyrie et cultiver le jardin d'herbes aromatiques où nous cultivions la menthe, l'anis et le cumin . sauge, marjolaine et safran pour le marché de Boston.

Un autre incident s'est produit sur le Knoll et mérite peut-être d'être enregistré, car il m'a donné un nom. Annie a insisté pour m'aider à monter le toboggan sur le toboggan et, en chemin, elle a remarqué : « Je ne savais pas que les garçons aimaient la parfumerie.

« Cela, dis-je, vient du coffre en cèdre dans lequel nos vêtements sont emballés. »

Juste au moment où nous atteignions le groupe au sommet de la colline, elle répondit : « Oh, cèdre ! Donc c'est."

Pendant qu'elle parlait, un petit bambin de trois ou quatre ans accourait vers moi en s'écriant : « Cèdre, je ne peux pas monter sur le ' boggan ?

C'est réglé ! Mon nom à Brook Farm était désormais Cedar, et il le serait encore s'il restait un de mes compagnons qui s'en souvenait. Je n'ai jamais eu d'autre surnom, sauf celui de ces dernières années, des amis chers et intimes ont fait des syllabes de mes initiales et m'ont appelé Jay Vee .

À quatre heures, ma sœur et moi sommes arrivées péniblement pour rendre notre visite aux Eyrie. C'était une maison carrée du type des villas de banlieue , haute de deux étages et demi, et le plus beau bâtiment de l'endroit, quoique assez simple, comparé aux villas du quartier d'aujourd'hui. Le docteur et Mme Ripley nous ont reçus très gentiment et nous ont réservé la bienvenue la plus cordiale à Brook Farm. Mme Ripley, née Sophia Dana, était une dame mince et gracieuse, appartenant à ce que le Dr Oliver Wendell Holmes appelle la classe brahmane de Boston ; charmante dans ses manières, animée et joyeuse, mais profondément sérieuse dans sa dévotion religieuse à ce qu'elle considérait comme la vraie vie chrétienne. Elle avait, de manière informelle, la charge générale des filles de l'école, et elle a immédiatement fait en sorte qu'Althea se sente chez elle sous ses soins maternels.

Le Dr Ripley a gagné ma confiance en prétendant être une vieille connaissance et en me rappelant une réunion antérieure que j'avais complètement oubliée. Quelques années auparavant, alors que j'étais un tout petit garçon, mon père m'avait emmené avec lui dans un voyage en avion de New York à Boston, décidant de le faire, je suppose, plutôt que de laisser ma mère dans une ville étrangère avec deux enfants. ses mains. Au cours de cette brève visite, le Dr Ripley avait emmené mon père chez un artiste illustre, et il me rappelait maintenant les circonstances. Sous son impulsion, je me souvenais d'être monté en calèche ; voir un grand vieux monsieur argenté vêtu d'une robe de velours noir bordée de rouge et dégustant des raisins blancs pour la première fois ; mais je ne pouvais pas penser au nom du gentleman argenté.

"Eh bien", a déclaré mon mentor, "peut-être serez-vous heureux un jour de savoir que le monsieur que vous avez vu était Washington Alston."

En quittant Althea avec Mme Ripley, nous nous rendîmes bientôt au cottage, une petite maison près de l'Eyrie, occupée par Miss Russell et ses deux nièces ; M. Dana, M. Hosmer et M. Hecker, trouvant ce dernier dans la chambre de M. Hosmer.

Isaac Thomas Hecker était un passionné de religion qui est venu à Brook Farm pour la même raison qu'Emerson a quitté l'Église unitarienne, à savoir pour la paix de son âme. Il appartenait à une famille aisée de New York, engagée dans la fabrication de spécialités à base de farine, mais les contraintes et les pratiques douteuses des affaires lui étaient gênantes et il cherchait avec impatience un foyer parmi les esprits sympathiques qui essayaient de vivre une vie meilleure dans leur petite propriété stérile à West Roxbury. Étant quelqu'un de minutieux, il avait appris toutes les utilisations de la farine du début à la fin, et il mettait volontiers ces connaissances à la disposition de la communauté de Brook Farm en tant que boulanger général. Il fut pendant plusieurs mois un boulanger fidèle et compétent ; généralement heureux et joyeusement intéressé par tout ce qui se passait, mais prenant occasionnellement un jour de congé pour jeûner et prier. Au début du printemps, Annie Page et moi chassions l'arbousier, ou Mayflower comme nous l'appelions, de l'autre côté de la pinède, lorsque nous sommes tombés sur M. Hecker marchant rapidement de long en large dans le petit vallon isolé qui lui servait de refuge. une retraite. Il se tordait les mains et sanglotait si violemment que nous, deux enfants effrayés, nous sommes enfuis, stupéfaits et mystifiés. Des intrus sur une scène dont on n'aurait pas dû être témoin, nous n'en avons rien dit à l'époque, et je n'en ai jamais parlé jusqu'à présent.

Peu de temps après cet étrange événement, Henry D. Thoreau arriva à la Ferme et M. Hecker trouva en lui un compagnon sympathique. Bientôt, les deux hommes partirent ensemble, dans le but, je pense, de déterminer par expérience la quantité minimale de nourriture réellement nécessaire pour maintenir la vie. Ils ne sont jamais revenus. Thoreau s'est installé dans la solitude de Walden, je suppose, et notre boulanger s'est retrouvé attiré par l'Église catholique, finissant par partir à l'étranger pour étudier en vue de la prêtrise. Après avoir pris les commandes, il retourna à New York et, pendant le reste de sa vie, fut un travailleur sérieux et influent, quoique quelque peu indépendant, dans le vignoble de Rome ; gagner, non recherché, la renommée du père Hecker. Son œuvre monumentale fut la fondation des Pères Paulistes, une organisation forte, influente dans la vie religieuse de New York, bien que l'église et la maison de la fraternité soient situées de l'autre côté de la rivière Hudson , dans le New Jersey.

En voyant le Dr Ripley, M. Hecker et M. Hosmer ensemble, il me sembla qu'ils devaient être les amis les plus chers du monde. Et ils étaient en effet des amis très proches, partageant de nombreux intérêts vitaux en commun. Le Dr Ripley était un véritable ministre de l'Évangile ; M. Hosmer avait étudié pour le ministère et M. Hecker, comme indiqué, était un prêtre prédestiné. Mais, comme je l'ai appris plus tard, une cordialité sincère et même affectueuse était la caractéristique distinctive des Brook Farmers dans leurs relations les uns avec les autres. Leurs communications étaient oui, oui et non, non, mais ils étaient vraiment heureux de se rencontrer, heureux d'échanger des salutations, heureux de donner et de recevoir les bonnes paroles qui arrivaient toujours, et heureux de manifester franchement du plaisir dans leur promenade et leur conversation. ensemble. C'était la manifestation extérieure de l'esprit intérieur de Brook Farm. C'était l'exemple de la bonté de cœur ; et pour les visiteurs reconnaissants, la reconnaissance de cet esprit chrétien dans les rencontres de la vie quotidienne était exaltante comme une gorgée de vin nouveau, le vin du pressoir d'Edom et de Bozrah .

Après une petite conversation, le Dr Ripley et M. Hecker sont partis ensemble, me laissant seul avec M. Hosmer, avec qui je suis resté jusqu'à l'heure du dîner. Il m'a interrogé sur tous les détails de l'entreprise de toboggan, dont j'étais assez fier de dire qu'elle était extrêmement réussie et, après que je lui ai tout raconté, même sur le fait que j'avais trouvé un nouveau nom, il m'a dit : « Eh bien, vous êtes arrivé. d'accord. Vous avez été initié. Ces jeunes ne prennent personne et ne leur donnent pas un nom pareil à moins que les choses ne se passent convenablement.

Je ne savais pas ce que signifiait être initié, alors il m'a expliqué que même si le bizutage n'existait pas à Brook Farm, il était parfois un peu difficile pour les nouveaux élèves de prendre leur place jusqu'à ce que les plus âgés découvrent à quoi ils ressemblent.

Le bizutage devait également être expliqué, alors il m'a raconté que lorsqu'il est allé pour la première fois au pensionnat, les garçons les plus âgés le taquinaient et le tourmentaient, « lui faisant subir une cure de germes », comme ils l'appelaient. Ils lui ont fait dépenser l'argent dont il disposait pour acheter des friandises qu'il n'était pas autorisé à goûter. Ils l'ont jeté dans le canal pour voir s'il savait nager, puis l'ont traîné dans le sable pour faire sécher ses vêtements. Ils lui accordèrent ces délicates attentions et d'autres semblables pour essayer son métal.

J'ai osé espérer qu'il était, bien sûr, furieusement en colère, qu'il avait ensuite déversé sa rage sur eux, selon le hasard, mais il a répondu que non, cela ne suffirait pas du tout. L'épreuve consistait à tester le caractère d'un garçon et à découvrir s'il pouvait supporter le feu sans se mettre en colère ou du moins sans le montrer. « Vous avez réussi votre examen, ajouta-t-il, et vous avez obtenu votre place parmi vos compagnons, et j'en suis très heureux. »

M. Hosmer avait une surveillance générale des garçons comme Mme Ripley avait des filles. Il m'a informé que je devais être logé à Pilgrim Hall sous la tutelle de Miss Marian Ripley, et que mon compagnon devait être Bonico , autrement dit Isaac Colburne . Pourquoi Bonico ? Eh bien, juste parce qu'il était Bonico . Il était aussi un bon ami, et Miss Ripley était une tutrice gentille, judicieuse et consciencieuse ; même si nous l'appelions le grenadier, parce qu'elle était grande, très droite et plutôt sévère.

En descendant des Eyrie avec les filles Page et John Cheever, Annie m'a informé que ma sœur devait s'appeler Dheelish . M. Cheever était originaire d'Irlande, dit-elle, et il avait dit à la jeune fille que Dheelish était le mot irlandais pour « cher », et ils l'avaient adopté à la place d'Althea, qui, bien que très joli nom, très joli en effet, était, comme pensaient-ils, trop vieux et trop formel ; et en plus, ajouta ma compagne, c'est une chérie, tu sais.

Je savais, et je savais aussi, qu'il y avait une autre fille, non loin de là, qui était aussi une chérie. Sentimental? Hé bien oui. Tous les garçons sont plus ou moins sentimentaux, mais ils sont, pour la plupart, trop timides pour l'admettre ou même peut-être pour en avoir conscience.

En arrivant à la Ruche, nous avons trouvé Gerrish arrivant avec son père et le révérend William H. Channing. Au dîner, j'ai courageusement jeté mon bol de pain brun et de lait, le prenant comme une évidence, mais espérant secrètement que mon père remarquerait mon appétit amélioré.

Le dimanche s'est avéré être un jour béni dans mon calendrier. Le Dr Channing a tenu le service dans la salle à manger et toutes les personnes présentes étaient présentes, ainsi que de nombreuses autres personnes du quartier et de Boston. Le sujet de son sermon était le Nouveau Commandement :

« Je vous donne un commandement nouveau : aimez -vous les uns les autres ; comme je vous ai aimés, aimez-vous aussi les uns les autres. Par ceci tous les hommes connaîtront que vous êtes mes disciples si vous avez de l'amour les uns pour les autres. »

Mon père se souvenait toujours de ce sermon et y faisait référence à plusieurs reprises au cours des années suivantes. Ce dont je me souviens, c'est que cela a éveillé dans mon esprit ennuyeux une nouvelle idée de ce qu'est réellement le christianisme pratique. J'ai réalisé que j'avais été un petit égoïste et stupide ; faire de mon mieux pour tirer le meilleur parti de tout, tandis que tout le monde faisait de son mieux pour tirer le meilleur parti de tout. C'était une bonne fin pour ce qui avait été une phase menaçante de ma première expérience à Brook Farm.

CHAPITRE VI.
DIVERTISSEMENTS

Notre glissade sur la Knoll s'est avérée très populaire et, avec des réparations occasionnelles, a duré tout l'hiver, constituant un ajout bienvenu à nos divertissements extérieurs pendant la saison où ceux-ci étaient nécessairement limités. Vivre en plein air était l'une des coutumes salutaires de la communauté, coutume fidèlement suivie même par mauvais temps. Beau temps, mauvais temps, neige ou vent, sauf en cas de véritables tempêtes, chacun a passé une bonne partie des vingt-quatre heures sous le grand ciel. Il y avait toujours du travail à faire, couper du bois, creuser de la tourbe – principale source de combustible – réparer les murs de pierre et s'occuper des pépinières. Ensuite, pour s'amuser, il y avait du cabotage, du patinage, du traîneau et de longues promenades sur les lieux ou vers un point d'intérêt éloigné. L'exposition aux éléments ne semblait nuire à personne, et la toux, la grippe et les rhumatismes étaient inconnus.

Cependant, les plaisirs intérieurs occupaient la place la plus importante, pendant les mois d'hiver. Après la réorganisation de l'Association en Phalange, M. John Dwight fut le chef de la série Festal, et comme il était avant tout un musicien, il s'ensuivit que la musique constitua l'élément principal de nos divertissements. La musique vocale et instrumentale était enseignée à fond à l'école et, comme presque tous les membres de la communauté étaient des mélomanes et que beaucoup étaient chanteurs et musiciens, l'endroit était mélodieux du matin au soir. Il y avait toujours une nouvelle chanson ou peut-être une très ancienne à essayer, une composition locale à écouter ou une préparation à de futurs événements musicaux pour attirer l'attention. Des sélections d'opéras alors connus et aujourd'hui oubliés étaient données dans la salle à manger ; des parties, avec tous les personnages et chœurs, de « Zampa », « Norma » et le « Calife de Bagdad » me reviennent à l'esprit. Deux concerts publics ont été donnés pour acheter un nouveau piano, et comme les recettes ne suffisaient pas à suffire à la facture, nous avons tous renoncé au beurre, vendant pendant trois mois tout le produit de la laiterie pour combler le déficit. C'était exactement comme Brook Farm. La représentation la plus ambitieuse de mon époque fut l'interprétation de l'Oratorio de Saint Paul, qui fut donnée deux fois sur demande, mais c'était en été, lorsque nous avions suffisamment de place et de marge dans l'amphithéâtre de la pinède.

Nous avions un autre théâtre, un tout petit s'il vous plaît, où des jeux de lumière, des tableaux, des lectures et récitations et des divertissements similaires étaient offerts par le Groupe Dramatique pendant l'hiver. Un membre de ce groupe, M. John Glover Drew, était ambitieux et insistait pour que l'on présente quelque chose de plus sérieux et d'édifiant que de simples bagatelles amusantes. C'est pourquoi une excursion fut faite dans le domaine du mélodrame. Glover, comme on l'appelait, était intensément byronique, à la mode de l'époque, et il prépara une succession de scènes passionnantes du poème sensationnel de Byron, « Le Corsaire », pour les présenter à ses camarades. Cette production mélodramatique a été mise en scène avec tout le faste de carton et les circonstances de seconde main que le petit théâtre d'atelier pouvait se permettre et a été donnée avec tout le feu que l'auteur hautain pouvait donner à sa troupe. Le résultat fut désastreux.

Glover était un jeune homme très sympathique, joyeux, plaisant à l'infini et toujours plein d'amusement, mais son jeu était nettement lugubre. L'esprit de Brook Farm étant tout aussi joyeux, le drame mélancolique alla à contre-courant et la représentation tomba tristement à plat. Ce fut le seul échec parmi les nombreux divertissements à succès proposés par la série Festal, et les membres du casting, y compris l'auteur, furent profondément déprimés lorsque le rideau tomba alors que la salle était déjà presque vide. Glover a sans doute eu son mauvais quart d'heure ce soir-là, mais le lendemain matin, il a retrouvé son équilibre habituel et a chassé son chagrin avec une plaisanterie caractéristique, à ses dépens. Un ami sympathique s'est aventuré à demander si le fiasco était peut-être dû à trop de sang et de tonnerre dans la pièce.

« Pas du sang et du tonnerre, mais des bruits sourds et des bévues », fut le retour rapide de Glover.

Nous avons eu deux ou trois autres pièces dans la boutique, cette saison-là, dans l'une desquelles mon père a pris une petite part. C'était « The Rent Day », de Douglas Jerrold, je pense. La pièce s'ouvre sur un tableau reproduisant l'image de Wilkies du « Jour du loyer », et la chose la plus importante que mon père devait faire était de s'asseoir au bout de la table dans le personnage de Master Crumbs, l'intendant. Peter Baldwin, qui succéda à M. Hecker comme boulanger général — et reçut donc le titre de général — s'occupait habituellement des premières affaires de vieillard, mais comme il fut soudainement appelé à Boston, mon père, qui se trouvait nous rendre visite en ce moment , a été invité à remplir le rôle de Master Crumbs, ce qu'il a consenti à faire, dans un bref délai. Il n'y a jamais eu de théâtre dans la Vieille Colonie et j'imagine les sentiments perturbés des bons bourgeois hollandais s'ils avaient su que leur respecté concitoyen, Charles Sears, Esq., de la jetée, apparaissait en réalité sur le théâtre. scène en tant qu'acteur de théâtre.

Une pièce a été donnée par les garçons et les filles, ou plutôt par deux garçons et une fille, Dolly Hosmer, Craze Barlow et moi-même. Nous avons réalisé Box and Cox, une courte farce réalisée pour composer un programme de vaudeville.

La première heure de nos soirées d'hiver à la Ruche était, d'un commun accord, réservée à la jeune génération, et le conte devenait régulièrement son élément le plus attractif. M. Dana était l'un de nos meilleurs conteurs et ses narrations étaient à la fois instructives et intéressantes. Dans une longue série il nous a livré des récits, en partie imaginaires, des débuts des choses, de la découverte et de la première utilisation du fer, des évolutions du bateau, de la poterie primitive, du verre, etc.

Je n'ai jamais suivi les cours de M. Dana, le grec et l'allemand étant hors de ma portée, mais j'ai vu quelque chose de lui dans la pépinière et le verger où je travaillais sous ses ordres, il étant chef du groupe Orchard. Je ne peux pas faire mieux pour essayer de donner une idée de lui à Brook Farm que de citer les Mémoires de M. John Thomas Codman, comme suit :

« Charles Anderson Dana, lorsqu'il s'est présenté à la ferme du Harvard College, était un jeune homme instruit, cultivé et doté de capacités marquées. Il était fort de détermination et souple de constitution et il ne fallut pas longtemps avant que M. Ripley le découvre et lui donne une place au front. Il avait environ vingt-quatre ans et il s'adonnait aux livres, aux langues et à la littérature. Social, bon enfant et animé, il plaisait volontiers à tous ceux avec qui il entrait en contact. Il était de taille moyenne, son teint était clair et sa barbe, qu'il portait pleine mais bien taillée , était vigoureuse et de teinte auburn, et sa chevelure épaisse était bien coupée à moyennement courte. Ses traits étaient tout à fait réguliers, son front haut et plein et sa tête large. Son visage était agréable et animé et il avait un sourire chaleureux et saluait tous. Sa voix était claire et musicale et son langage remarquablement correct. Il aimait passer une partie de son temps à travailler à la ferme et à la pépinière, et vous pouvez être sûr de l'y trouver lorsqu'il n'est pas occupé autrement. Profitant du plaisir et de la vie sociale, il lui restait toujours une dignité qui lui donnait de l'influence et imposait le respect.

CHARLES A. DANA

Plus tard dans sa vie, comme tout le monde le sait, M. Dana a atteint un rang élevé parmi les grands rédacteurs en chef de ce pays, et cela à une époque où la personnalité comptait beaucoup plus dans la direction d'un journal qu'aujourd'hui. Il a servi cette nation pendant la rébellion en tant que secrétaire adjoint à la guerre et a été l'un des conseillers auxquels le président Lincoln avait implicitement confiance pendant cette période difficile.

Charles Hosmer était un autre conteur de première classe, sa prestation musicale en récitant des morceaux de poésie et d'autres citations ajoutant au plaisir d'entendre ses récits. Il nous a donné des versions modernes des mythes grecs et des légendes des héros, de Cadmus et Thèbes, de Jason et la Toison d'Or, de l'épopée troyenne, de l'Oracle de Delphes, etc.

Plusieurs années après avoir quitté Brook Farm, on m'a présenté un exemplaire du « Wonder Book » de Nathaniel Hawthorne et j'ai été surpris et indigné de constater que l'auteur avait en fait pris nos histoires de Brook Farm, racontées par Charles Hosmer, et les avait imprimées, et cela aussi. , sans un mot de crédit. Bien sûr, les interprétations familières des légendes grecques sont la propriété commune des anglophones depuis des lustres, mais le jeune ignorant qui les a entendues à Brook Farm croyait fermement que le droit d'auteur appartenait à Charles Hosmer.

Les jeunes et les enfants n'ont pas seulement entendu des histoires, mais ont été encouragés à exercer leurs propres talents dans la même direction. Manuel Portales a donné un récit intéressant de la vie indigène à Luçon ; et Angus Cameron nous a parlé des habitants français et de leurs étroites petites bandes de fermes donnant sur les cours d'eau canadiens, chaque agriculteur voulant un droit littoral, ne serait-ce que de quelques mètres de large.

Nos discussions du soir étaient souvent des monologues, quiconque avait un mot à dire ayant des auditeurs attentifs, s'il était intéressant, sinon non. Une jeune dame, distinguée comme oratrice publique, est venue nous voir avec ce qui était sans aucun doute un discours éloquent sur les droits de la femme, et a été très contrariée, après un certain temps de discours, de constater que ses périodes d'éblouissement tombaient dans des oreilles ennuyées. Nos femmes avaient tous les droits de nos hommes. Ils avaient une voix égale dans nos affaires publiques, votaient pour nos officiers, occupaient des postes de responsabilité et se tenaient exactement sur le même pied que leurs frères. Si les femmes n'étaient pas aussi aisées à l'extérieur, il leur suffisait de rejoindre notre communauté ou d'en former d'autres comme la nôtre.

Un éminent défenseur de la tempérance a entrepris de nous faire la leçon sur les terribles méfaits de la consommation de rhum et sur la nécessité criante de promouvoir la grande cause de l'abstinence totale. Nous étions tous totalement abstinents. Il n'y avait pas une goutte de rhum à la Ferme. Dans la vie exaltante de notre communauté, il n'y avait pas besoin de stimulants.

Nous n'en avions pas et n'en voulions pas. Le rhum était une malédiction dans la société civilisée, mais c'était parce que la société était désorganisée. Laissons les réformateurs venir nous aider à réformer la société et ce mal, ainsi que bien d'autres, sera corrigé. C'est ainsi que le conférencier populaire, après une heure de discours sérieux, arriva à la conclusion que ces Brook Farmers étaient en effet très impolis puisqu'ils parlaient tous ensemble des plans pour le nouveau Phalanstère ou de quelque autre sujet tout aussi important.

Les conférences ne figuraient pas sur la liste de nos passe-temps favoris. Cette indifférence à l'égard des attraits du Lycée était d'autant plus sensible qu'il y avait parmi nos propres membres plusieurs professeurs réputés. Au cours de la décennie 1840-1850, une vague d'intérêt pour ce qu'on appelait alors la réforme sociale déferla sur l'Europe et l'Amérique, et dans les débats publics de l'époque, les enseignements des réformateurs pratiques de Brook Farm étaient constamment demandés. Le Dr Ripley, John Dwight, John Allen, Ephraim Chapin, Charles A. Dana et d'autres furent appelés à participer à des tournées de conférences dans tous les États du Nord et, comme la plupart de ces services étaient gratuits, le coût pour la communauté était très élevé. une taxe sur nos ressources limitées. La propagande socialiste était un mouvement éducatif d'une valeur incontestable et, même si les objectifs immédiats envisagés n'ont jamais été réalisés et sont maintenant perdus de vue, l'agitation a néanmoins eu une influence permanente en éveillant l'intelligence, en donnant un élan à la pensée et en élargissant la libéralité de l'esprit. l'esprit public.

Souvent, la longue salle à manger était rapidement libérée après le dîner pour un divertissement mineur, une danse à laquelle tout le monde prenait part, étant toujours de mise lorsque rien d'autre n'exigeait une attention plus immédiate. Miss Russell était un professeur de danse des plus efficaces et nous prenions tous des leçons, du vieux général décharné et grisonnant jusqu'aux plus petits capables d'apprendre leurs pas. C'était une caractéristique marquée des agriculteurs qu'ils se donnaient tous la main dans tout ce qui se passait. Avec une unanimité sans faille, ils se déplaçaient tous ensemble, se rassemblant comme des oiseaux dans la direction qu'ils prenaient à ce moment-là, même ceux qui avaient l'individualité la plus prononcée préféraient suivre le chemin des autres plutôt que de suivre seul le sien. Les amoureux de la solitude, les gens égocentriques , égoïstes et chercheurs des mystères de leur propre âme, Emerson, Hawthorne, Hecker et Margaret Fuller, n'étaient pas à leur place dans cette association unie où chacun voulait avant tout être en harmonie avec l'esprit commun.

La danse était tellement évidente qu'aucune préparation n'était nécessaire, à l'exception du rangement des tables et des bancs. La musique était toujours prête, une douzaine ou plus de joueurs de violon et de piano se relayant pour interpréter des séries de cotillons , de valses et de polkas, cette dernière danse étant alors à la mode.

A côté de la danse, une forme de divertissement musical était de mise. Après la réorganisation, M. Dwight était chef de la série Festal, et comme lui et sa fiancée , Mary Bullard, étaient, en quelque sorte, des professionnels, il y avait toujours un programme musical en réserve qui pouvait être présenté à tout moment. Nous recevions souvent des musiciens de renom en visite sur place, et ceux-ci nous donnaient le meilleur d'eux-mêmes, sachant que leur virtuosité serait reconnue et appréciée. Carlo Bassini , un éminent violoniste, a joué pour nous avec une grande acceptation. Sa fille, Frances Ostinelli , qui a séjourné à la ferme pendant plusieurs semaines, a chanté d'une manière très délicieuse. Elle avait une voix glorieuse et, sous le nom de Madame Biscacianti , devint par la suite célèbre en tant que cantatrice.

La famille Hutchinson, autrefois largement connue dans le pays et à l'étranger, mais maintenant presque oubliée, a eu une aventure d'un soir avec nous ; et une compagnie de sonneurs suisses nous a également favorisés de la même manière.

L'artiste vedette qui a plu à nous, les jeunes, plus que tout autre, était Christopher P. Cranch . Il n'était pas un professionnel à l'époque, venant tout juste de terminer ses études pour le ministère, mais il était certainement un artiste du spectacle très réussi. Il n'y avait rien qu'il ne puisse faire. C'était un peintre d'une capacité plus que passable, un doux chanteur, un poète, un très bon conteur - et nous reconnaissions un bon conteur lorsque nous en entendions un - et il pouvait jouer de n'importe quel instrument, de l'orgue à la aiguise. . Quoi qu'il ait entrepris, il l'a bien fait et l'étendue de ses réalisations était incroyable. Comme l'a fait remarquer Miss Russell, sa polyvalence équivalait à une universalité . Nous aimions et admirions beaucoup M. Cranch et, malgré toute sa légèreté superficielle, il possédait de remarquables qualités qui commandaient notre respect. Comme le dit une chanson de la vieille école :

"Les vraies joies de l'hiver sont nombreuses,
avec de nombreux délices chers, nous gambadons dans la congère ,
et puis la nuit d'hiver."

Les nombreuses joies hivernales étaient tout ce que de telles joies pouvaient être, et les jeunes, qui ne craignaient pas le temps, en profitaient. Les nuits d'hiver à la Ruche étaient assez remplies de délices chers, et les plus jeunes des jeunes gens avaient leur part des plaisirs du soir jusqu'à neuf heures lorsqu'ils se couchaient, sauf dans des occasions spéciales comme la représentation d'une pièce de théâtre. ou un concert avec une célébrité de Boston comme attraction vedette. L'hiver avait ses plaisirs, mais c'était l'été qui était la vraie saison joyeuse. Il y avait alors un grand plaisir à vivre en plein air, comme la plupart d'entre nous le faisaient la plus grande partie de notre journée. Le travail dans les champs avec des compagnons intéressants était un exemple de la doctrine socialiste de l'industrie attractive. Hommes et femmes, garçons et filles, rassemblés en groupes par des goûts particuliers pour le travail à accomplir, rendaient le travail non seulement léger mais vraiment agréable.

Nos divertissements, eux aussi, en ces jours heureux, étaient presque exclusivement libres des limitations de quatre murs et d'un plafond. Promenades dans les bois et les champs, excursions à Chestnut Hill ou Cow Island, parties d'aviron sur Charles River, jeux de balle, concours d'athlétisme, matchs de natation, tout ce que les Grecs ont jamais fait et bien plus qu'ils n'auraient jamais pensé. Même nos repas, aussi simples soient-ils, prenaient souvent la forme de pique-niques impromptus sur la butte.

Le centre des festivités estivales était un amphithéâtre naturel situé dans une magnifique pinède. Il y avait ici un petit creux, dégagé d'arbres, qui servait admirablement de salle de spectacle, et un talus à une extrémité, nivelé avec très peu d'artifice, formait une scène spacieuse ou, si nécessaire, une tribune convenable. Ici, nous avons eu des pièces de théâtre à voir et des concerts à entendre. Ici aussi, des services dominicaux étaient parfois organisés, au grand scandale de nos voisins puritains, mais lorsque le Dr Channing prêchait un sermon saint et que le quatuor de M. Dwight interprétait les chants grégoriens, le service était une expression appropriée et impressionnante d'un sentiment religieux sincère.

Certains de nos voisins puritains nous traitaient d'hérétiques parce que nous ne croyions pas à la damnation infantile ou à une doctrine tout aussi profitable et réconfortante de la foi orthodoxe, et, en outre, nous chantions des hymnes en latin. Tout cela était certes très mauvais, mais ensuite nous avons observé les commandements, onze d'entre eux, dix dans l' ancien testament et un dans le nouveau, et nous avons traité équitablement tous les hommes. Nous allions aussi à l'église, soit en célébrant les offices du dimanche à la maison, soit en fréquentant l'église de Theodore Parker à Brookline. Cependant, Theodore Parker et le Dr Ripley étaient tous deux unitariens, ce qui ne nous a pas beaucoup aidé de l'avis de nos critiques.

On pourrait presque dire que Brook Farm était autant une excroissance de l'Unitarisme que du Transcendantalisme. Presque tous les premiers membres étaient des Unitaires et bon nombre des nouveaux arrivants étaient de la même foi. La congrégation de l'église unitarienne de Brookline contenait généralement un pourcentage considérable de fermiers de Brook, et parfois un ministre unitaire de la ferme officiait dans cet édifice sacré. Le révérend Dr Ripley, le révérend John S. Dwight, le révérend George P. Bradford, le révérend Warren Burton, le révérend John Allen et le révérend Ephraim

Chapin étaient des ministres résidents, et le révérend Ralph Waldo Emerson, le révérend William H. Channing et le révérend James Freeman Clarke étaient chaleureusement intéressés par l'Association. Charles K. Newcomb et Christopher P. Cranch , également amis immédiats, ont été formés pour le ministère unitarien. Le Dr Codman, dans ses « Souvenirs », parle d'avoir vu cinq ecclésiastiques unitariens danser en même temps dans la pinède.

Un des traits caractéristiques de nos fêtes était la procession qui s'ordonnait spontanément, après le dîner, lorsqu'il y avait quelque chose au premier plan dans les pinèdes. Puis un défilé a eu lieu, semblable à la marche nuptiale des villageois dans un opéra à l'ancienne. Il y avait toujours une certaine décoration à ces occasions, généralement florales, les filles portant des guirlandes et des couronnes ou des gerbes de vigne et des chapelets de feuilles. Dirigée, peut-être par les garçons avec le fifre et le tambour, ou par les membres de la troupe s'il fallait donner une pièce de théâtre, toute la communauté, jeunes hommes et jeunes filles, vieillards et enfants, allait en chantant d'un bout à l'autre de la place. l'autre, c'est-à-dire de la Ruche près de l'entrée de l'Amphithéâtre, près de l'autre côté du bosquet.

Lorsqu'une grande fête devait être célébrée, la procession prenait la dignité pittoresque d'un spectacle. Un véritable concours que nous aimions beaucoup, mais le spectacle était trop cher pour être offert plus d'une ou deux fois par an. Nous avons dû embaucher des musiciens car les nôtres étaient trop occupés pour servir. Ensuite, les costumes, les banderoles et les tentures ont coûté une bonne somme d'argent, même si l'ingéniosité artistique a été d'une aide incroyable. L'origine de toute cette magnificence était un mystère, les splendeurs de pourpre et d'or, les riches draperies, les fins furbelows, les vêtements brillants et les ornements scintillants étant vraiment splendides. Bonico et moi, en tant que hérauts, par exemple, étions autrefois superbement vêtus de tabards blancs ornés de dragons rouges et de broderies dorées, découpés dans du papier et collés sur de la mousseline blanche. Il y avait beaucoup de parures réelles, authentiques et somptueuses sorties des garde-robes familiales pour le concours, mais l'allusion aux hérauts indiquait comment un effet pouvait être produit à faible coût.

Le plus beau concours que nous ayons jamais eu a été organisé par la série Festal, après la réorganisation. Il était de conception historique, illustrant la période élisabéthaine en Angleterre. Le Dr Ripley incarnait Shakespeare ; Miss Ripley, la reine Elizabeth, dans une collerette en papier de soie que j'ai aidé à fabriquer ; M. Dana, Sir Walter Raleigh ; Mary Bullard, la plus belle de nos jeunes femmes, Mary Queen of Scots, et Charles Hosmer, Sir Philip Sidney. Le programme envoyé à la mère à l'époque donne une liste des personnages représentés mais il n'est pas nécessaire de la citer davantage ici.

THE PAGEANT

Le défilé s'est formé sur la butte et la ligne de marche remontait la route menant à Pilgrim Hall, jusqu'au Cottage, contournait l'Eyrie et descendait le chemin boisé jusqu'au théâtre. Tout le parcours était rempli de spectateurs venant de Boston et de toutes les villes voisines. Au bosquet, une série de tableaux historiques présentaient les principaux personnages dans des images significatives, accompagnées de ballades en vieil anglais et de chansons shakespeariennes. La finale était un menuet majestueux, magnifiquement dansé par quatre couples. Ils avaient été entraînés pendant des semaines par Miss Russell et comme elle était plus que satisfaite de la performance, elle était sans aucun doute presque parfaite. Le public semblait être dans cet esprit puisqu'il refusait de se disperser jusqu'à ce que le menuet ait été répété.

La saison suivante, nous avons eu un spectacle plus petit, les personnages costumés étant les personnages de la comédie de Shakespeare « Le Songe d'une nuit d'été ». Il s'agissait de la pièce la plus importante jamais jouée dans le bosquet et, en tant que production en plein air, elle était antérieure à toute représentation similaire en Amérique. Depuis, j'ai vu à plusieurs reprises « Le

Songe d'une nuit d'été » donné en public, mais la magie de la première impression ne s'est plus jamais fait sentir.

Malgré tout notre amour des loisirs, il n'y avait pas de jeux sédentaires dans notre répertoire. Les cartes étaient inconnues. On disait que le général aimait jouer tranquillement au whist dans sa propre chambre, mais s'il avait un jeu de cartes, c'était probablement le seul de la ferme. Il n'y avait aucun préjugé contre les cartes, les échecs ou tout autre jeu, à ma connaissance, mais personne ne se souciait d'une forme de divertissement qui séparait deux ou quatre de tous les autres. J'imagine que même la cour, la divine solitude à deux, a dû être handicapée par ce penchant persistant pour tous d'être ensemble.

Le charme qui attirait ces associés sympathiques comme un aimant était en grande partie ce charme de la conversation générale, dont le souvenir persiste encore partout où l'on chérit les traditions de Brook Farm. Les heureux fermiers profitaient pleinement de la succession incessante de divertissements, surtout en été, mais c'était la conversation, l'échange mutuel d'idées brillantes qui leur procurait le plus de plaisir. Ce n'est pas la littérature, ni le théâtre, ni la danse, mais la fascination de la parole humaine dans son meilleur usage qui attirait et retenait leur attention captivée. Il est impossible de rapporter par écrit même les têtes de ce discours, imprégnant l'atmosphère de Brook Farm alors que les courants électriques imprègnent l'air en respirations. Dans la chansonnette d'un étudiant, il y a un accent qui évoque un tel pourparler :

"Nous chanterons ce soir avec des cœurs aussi légers
et des joies aussi gaies et éphémères
que les bulles qui nagent au bord du verre et se brisent sur les lèvres lors d'une réunion."

Les bulles qui éclatent sur les lèvres ne se réparent plus. L'effervescence et le pétillant du vin ne peuvent être perçus que lorsque le verre est rempli. L'art raffiné de la conversation ne peut être perfectionné que par des esprits de choix dont le cœur est léger, dont l'esprit vif, la bonne humeur gaie et l'intelligence alerte rendent leurs paroles presque enivrantes.

Certaines tentatives ont été faites pour relater les conversations célèbres de Brook Farm, mais le meilleur disque ne pourrait guère être plus qu'un livre de plaisanteries. Les saillies alertes et les répliques rapides, les allusions simples et les citations pertinentes, les exagérations, les absurdités, les bons mots, les satires approfondies, les jeux de mots et les vers absurdes improvisés auraient pu être enregistrés sur papier, mais l'esprit de gaieté, de bonne la camaraderie et la compréhension mutuelle qui ont fait vivre les pensées et chanter les mots – l'esprit de Brook Farm – qu'aucun appareil photo instantané n'aurait jamais pu capturer.

Ces discussions n'étaient pas non plus toutes faites pour s'amuser. Heureux et joyeux, les fermiers étaient, au fond, sincèrement dévoués à des objectifs tenus pour sacrés. Ils étaient inspirés par des idéaux élevés. De nobles conceptions et de belles croyances ont trouvé leur expression dans une phrase appropriée. Une joie ondulante coulait dans un courant sous-jacent de foi, d'espoir et d'amour sérieux et sincères.

Un autre point peut être mentionné à propos de nos récréations, à savoir qu'il n'y avait pas de chasse sur nos acres. Les bois sont devenus un refuge pour les oiseaux et le petit gibier. Aucune arme à feu n'y a jamais été entendue, et les créatures les plus timides ont appris qu'elles étaient en sécurité, parmi des amis qui les aimaient. Lapins exceptés . Sous la direction de M. Hosmer, nous, les garçons, piégés assidûment les lapins, non pas pour le plaisir mais pour les empêcher d'envahir les lieux. Des pièges, ils étaient transférés au dédale et de là soit à la cuisine, soit au marché.

Les écureuils gris nous en ont dérangés en attaquant le champ de maïs à côté du bois mais leurs déprédations n'étaient pas très étendues. L'ex-président Jefferson a eu les mêmes problèmes à Monticello, les écureuils détruisant les rangées extérieures de son champ de maïs. Son frère, débile d'esprit, eut la brillante idée de mater les petits voleurs en ne plantant aucune rangée à l'extérieur. Les agriculteurs ont amélioré ce plan en plantant une rangée extérieure supplémentaire pour que les voleurs gris puissent se nourrir.

CHAPITRE VII.
L'ÉCOLE

L'éducation à Brook Farm a commencé à la maternelle, mais nous ne le savions pas. Le mot ne figurait pas dans les dictionnaires de cette époque, et on n'entendait pas encore parler de Froebel dans le Massachusetts ; mais les rudiments du système des jardins d'enfants ont été conçus et mis en pratique par nos gens en réponse à une nouvelle demande. Les petits, trop vieux pour la crèche et trop jeunes pour l'école, réclamaient des soins adéquats pendant que leurs mères travaillaient. Dans la communauté, la personne la plus apte à répondre à n'importe quelle exigence était dirigée vers l'entreprise par sélection naturelle. C'était là l'un des résultats normaux, quoique à peine reconnus, de l'organisation industrielle. Parmi les nombreux travailleurs, il y en avait toujours un qui savait faire ce qui devait être fait mieux que tous les autres, et celui-là, jeune ou vieux, homme ou femme. , la charge complète des travaux a été confiée.

La personne la mieux qualifiée pour prendre en charge ces bambins était une charmante jeune femme, Miss Abby Morton, dont l'intérêt sincère pour les enfants gagnait invariablement leurs jeunes affections. Miss Morton rassemblait son groupe de bébés plus âgés sur l'herbe ou sous les ormes chaque fois que le temps le permettait et à d'autres moments dans le salon de Pilgrim Hall. Son premier objectif était de les rendre heureux et satisfaits, et à cette fin, elle inventait et arrangeait des jeux, des chansons et des histoires, imaginait de petits incidents et organisait de petites surprises avec une ingéniosité sans faille. Apprenant autant qu'enseignant, elle a progressivement donné une orientation ciblée à ses divertissements de chant et de danse, en faisant des leçons efficaces ainsi que des passe-temps agréables. La santé et la force des bébés en pleine croissance étaient favorisées par des exercices appropriés, une bonne posture et un mouvement gracieux des petits bras et des jambes étant dûment pris en compte. Les manières polies et l'usage correct de la langue étaient enseignés par des préceptes et des exemples. Plus que tout, les esprits juvéniles étaient, directement et indirectement, entraînés à acquérir l'habitude d'être attentifs.

A Pioneer Kindergarten

Le pouvoir de prêter attention, de concentrer toute la force de l'esprit sur un seul objet, est un don inné. Ceux qui sont dotés de ce don sont les hommes et les femmes destinés à de hautes carrières. Ils inspirent confiance. Ils sont les leaders de grandes entreprises. Le succès les accompagne, humainement parlant, avec certitude. Il existe également la faculté de prendre conscience, de prendre conscience des impressions reçues par les sens. Cette faculté, l'homme la partage avec les animaux au-dessous de lui dans l'échelle de l'être, et, tant chez l'homme que chez la brute, elle est susceptible d'être cultivée. L'entraînement de la faculté d'observation développe l'habitude d'être attentif, et cette habitude, bien que moins efficace que le don inné, peut être confirmée au point de devenir une seconde nature.

Quoi que la communauté ait accompli ou échoué, la Brook Farm School a rendu un service important dans le progrès de l'éducation en démontrant qu'il était possible de cultiver l'habitude de l'attention. Les enseignants de toutes les classes et de tous les cours de l'école ont fait des efforts incessants pour attirer et retenir l'attention. Cela n'était ni accidentel ni accidentel, mais faisait partie intégrante du plan éducatif, intelligemment conçu et délibérément poursuivi, dans le but d'entraîner les élèves à concentrer leur esprit sur la seule chose qui les attendait jusqu'à ce que cela devienne une habitude fixe.

Des années après la fermeture de la Brook Farm School, j'ai été appelé à entrer dans une autre école : l'horrible école de guerre. Le premier mot que j'ai dû apprendre dans cette école était le commandement « Attention !

L'attention signifie la vie ou la mort pour le soldat ; victoire ou défaite de l'armée. Dans la vie civile, cela contribue d'une manière incalculable à promouvoir la prospérité, la capacité d'accorder une attention immédiate aux questions à examiner étant l'une des premières qualifications de l'homme d'affaires qui réussit. Et s'il ne possède pas cette capacité à l'origine, elle peut lui être transmise comme une habitude, par un entraînement précoce. Miss Morton ne commença pas trop tôt ; et les professeurs qui la suivirent ne persistèrent pas trop sérieusement à s'efforcer d'imprimer profondément cette habitude dans l'esprit de leurs élèves.

Lorsque mes propres enfants ont commencé à s'intéresser à la littérature jeunesse, ils ont trouvé un grand plaisir à lire encore et encore « Les Lettres de William Henry » et d'autres histoires de Mme Abby Morton Diaz. En faisant enquête, j'ai été très heureux d'apprendre que Mme Diaz était notre Abby Morton de la maternelle de Brook Farm. Il n'était pas étonnant qu'elle puisse écrire des lettres et des histoires attrayantes pour les enfants. Sa compréhension et sa sympathie la mettaient en contact étroit avec eux. Elle connaissait leurs esprits et leurs cœurs, leurs goûts et leurs aversions et ce qu'elle écrivait sur eux et ils l'acceptaient, sachant que chaque mot était fidèle à la nature. On remarque aussi que, dans ses écrits, elle s'efforce toujours d'illustrer à ses jeunes lecteurs la nécessité de prendre tôt l'habitude d'être attentif.

Brook Farm était pratiquement une école industrielle, même si son nom n'était pas ainsi nommé. C'était la première fois que j'entendais parler d'un enseignement des arts utiles faisant régulièrement partie du programme éducatif. Les beaux-arts n'étaient pas très largement enseignés à l'époque et nous n'avions que la littérature, le dessin, la musique et la danse. Ces quatre études étaient très bien pourvues en bons professeurs, tout ce que l'école promettait de faire était bien fait, mais on ne leur accordait pas autant de temps que les arts industriels. Chaque élève en âge de travailler devait consacrer deux heures tous les lundis et mardis, et tous les jeudis et vendredis, à travailler sous la direction d'un instructeur dans les magasins de la ferme, dans le jardin ou à la maison. Les élèves pouvaient choisir leur propre travail et changer de profession avec l'accord de l'instructeur. Personne n'était obligé de suivre le cours industriel, mais très peu refusaient, même les Espagnols aristocratiques s'emparant du travail en bons gars comme eux. La marche au ralenti n'était pas à la mode.

J'ai travaillé pendant un certain temps quatre heures par jour par semaine. Cedar a été jugé compétent pour agir comme premier assistant du président dans l'étable. Prendre soin de la vache étant considéré comme une tâche désagréable, le Dr Ripley s'en chargea, tout comme Mme Ripley se chargeait de récurer le sol de la cuisine. Mme Ripley avait d'autres petites affaires à régler, la surveillance générale des filles, l'enseignement du grec, le divertissement des invités de marque, l'écriture de pièces musicales intelligentes pour la série Festal, etc., mais elle gardait quand même le sol propre.

Dans mes fonctions honorables, j'ai succédé à Nathaniel Hawthorne. Le président et Cedar se levèrent à 5 heures du matin, nourrirent et traitèrent 18 ou 20 vaches et débarrassèrent l'étable. Nous nous sommes baignés, habillés et avons déjeuné à 8 heures du matin. À 9 heures du matin, le Dr Ripley était dans son bureau et moi dans la salle de classe. Le soir, deux heures supplémentaires étaient données aux vaches. J'aimais le travail, j'aimais les vaches et j'aimais particulièrement être avec le Dr Ripley. Son rapport flatteur selon lequel Cedar pouvait traire comme un trait m'a assuré le salaire maximum, dix cents de l'heure, de sorte qu'à douze ans environ, je gagnais presque assez pour payer les frais de pension et de logement.

Les trayeurs étaient forcément en retard au petit déjeuner et au dîner et ces repas nous prenions avec les garçons, la compagnie la plus agréable de la salle à manger. Le Dr et Mme Ripley étaient de charmants compagnons de table et les filles brillantes étaient joyeuses comme des enfants heureux. Peut-être Cedar ne remplissait-il pas aussi bien la place de Hawthorne à table que dans l'écurie, mais aucune indication n'a été donnée à cet effet. Profiter au maximum du moment présent était de mise. Regarder en arrière ne l'était pas.

Nathaniel Hawthorne a été l'un des premiers membres à rejoindre la communauté et l'un des premiers à la quitter. Il pensait qu'il pouvait faire mieux que de consacrer son temps et son énergie à creuser un tas de fumier avec une fourchette à fumier. Il a certainement fait mieux, pour lui-même et pour le monde.

On m'a demandé plus d'une fois si l'illustre, poétique et romantique Hawthorne avait effectivement nourri les cochons de Brook Farm. Ma réponse est que je ne le sais pas car je n'étais pas là pendant sa résidence, mais je pense que non, ma raison de penser qu'il ne l'était pas étant qu'il n'y avait pas de porcs à nourrir. La suggestion est peut-être née d'un passage de ses Notes où il parle de sortir avec le révérend John Allen pour acheter une portée de porcs. Minot Pratt, notre chef de ferme, s'intéressait d'une manière ou d'une autre à un endroit de l'autre côté du ruisseau, et il y avait peut-être une porcherie là-bas, mais s'il y en avait une chez nous, elle était inconnue des jeunes aux yeux perçants qui connaissaient tous les lapins. -courir dans les bois, et tous les trous d'hirondelles dans les bancs de sable. Beaucoup d'agriculteurs étaient végétariens et la plupart avaient une aversion hébraïque pour le porc. On ne voyait jamais cette viande sur la table, sauf avec les fèves au lard toujours servies le dimanche ; Mère Rykeman réussit à garder sous la main une réserve de matières premières pour le pot de haricots.

Hawthorne chérissait de bons souvenirs de Brook Farm et ces souvenirs incarnés dans le roman Blithedale montrent son intérêt chaleureux et reconnaissant pour la vie de la communauté. Je ne trouve rien qui ressemble au portrait peint que d'autres ont découvert dans les descriptions des personnages de Blithedale . Il y a des traits personnels évoqués évoquant le Dr Ripley, Georgiana Bruce, Orestes Brownson et d'autres, mais ces indices ne sont pas suffisamment précis pour les identifier avec les personnages du livre. Quant à l'hypothèse selon laquelle Margaret Fuller a servi de modèle à Zénobie, cela me semble tellement tiré par les cheveux qu'il est presque absurde.

Hawthorne visitait Brook Farm de temps en temps, et je me souviens l'avoir vu, un grand et bel homme, se promenant de long en large sur la butte ou assis sous le gros orme, seul. Il n'était pas alors devenu célèbre et n'attirait pas l'attention en tant que célébrité.

Ma formation industrielle ne se limitait pas à l'étable. À différents moments, j'ai travaillé dans la serre avec John Codman, dans les champs et les prairies avec tout le monde, et dans le verger et la pépinière avec M. Dana. Un jour, le professeur et l'élève étaient assis par terre, plantant des plants de pêchers en herbe, lorsqu'un étranger s'est approché et a demandé une audience. Gerrish l'avait fait sortir et l'avait dirigé vers le vice-président Dana comme autorité à consulter. «La liberté d'expression, ici », a déclaré le vice-président, sans lever les yeux de son travail.

S'exprimant librement, le visiteur annonçait que sa mission était de sauver les âmes, et qu'il avait un message d'avertissement à délivrer aux pécheurs en danger de châtiment éternel. Ce qu'il voulait, c'était réunir le peuple pour qu'il puisse les exhorter quant à la terreur de la colère à venir.

« Notre peuple n'a pas besoin d'être appelé. Ils se réunissent tous les soirs sans se téléphoner.

« Puis-je avoir l'occasion de m'adresser à eux ce soir ? » demanda le missionnaire.

"Vous pouvez", a déclaré M. Dana, toujours occupé, "mais ils ont parfois une façon de ne pas écouter. Je vais vous dire que si vous êtes capable et désireux de prêcher un sermon solide, démodé, flamboyant et soufre, vous obtiendrez une audience. J'aimerais entendre à nouveau un vrai torride.

Loin d'être encouragé, le missionnaire chercha à la hâte Gerrish et partit pour le voyage de retour de ce digne conducteur à Boston.

Comme le vieux sage Dogberry avait raison de dire que la lecture et l'écriture venaient par nature. La nature favorise sûrement certains mortels, mais elle n'est pas aussi généreuse envers d'autres. J'étais l'un des autres. Ma sœur Althea a ramassé des lectures sur le sol de la crèche, jonchée de nos blocs et de nos livres d'images. Elle n'avait pas besoin de leçon dans Webster's First Reader, mais Juferouw Van Antwerp avait elle aussi du mal à expliquer à l'un au moins de ses petits garçons les mystères de a, b, ab et c, a, t, cat. Althea pouvait écrire une bonne écriture tandis que son frère lent se débattait encore avec des crochets et des cintres. Elle pouvait toujours épeler correctement sans l'aide d'un livre, tandis que pour moi, la leçon d'orthographe était la tâche la plus difficile. Ses études à la Ferme étaient faciles et légères, les miennes, lourdes et difficiles.

L'un des avantages du poste élevé d'assistant du président était qu'il accordait à Cedar deux heures gratuites pendant que d'autres élèves effectuaient leurs cascades industrielles. Ces heures étaient consacrées à l'étude, et elles étaient sûrement nécessaires. La formation manuelle est peut-être venue par nature et dans le cursus industriel j'ai progressé rapidement, mais pour le reste, Miss Ripley avait raison dans sa remarque selon laquelle Cedar n'était pas un érudit « intelligent ». Cependant, la persévérance constante des Néerlandais compensait quelque peu le manque de vigilance, et les leçons de ce garçon ennuyeux étaient assez bien apprises, bien qu'au prix d'un labeur patient. Dans ces travaux extrascolaires, j'étais constamment assisté par des professeurs bienveillants. Plus que disposés à aider un élève qui essayait de s'en sortir, ces instructeurs serviables m'ont donné de nombreuses heures pendant les quatre années que j'ai passées avec eux, prenant du temps sur leurs précieux loisirs pour aider un érudit qui ne pouvait pas être « intelligent » mais qui pouvait soyez reconnaissant, comme il l'a toujours été.

Les salles de classe se trouvaient dans le Cottage, Pilgrim Hall et la bibliothèque du Dr Ripley. Nous avions cinq minutes pour passer d'un cours à l'autre mais c'était tout. La journée n'était pas assez longue pour tout ce que nous voulions faire, et être à l'heure était une nécessité absolue ; en classe, aux repas, au travail, dans les loisirs, partout et toujours, la ponctualité était exigée par la règle et imposée par la pression des circonstances. Il n'y avait aucune précipitation pour perturber l'équilibre du chemin, mais il n'y avait pas un instant perdu et, même si chaque mouvement était rapide, il n'y avait pas de faux départ. Une attention entière a été accordée à l'affaire en cours à ce moment-là et, une fois celle-ci réglée , la prochaine chose à régler a été immédiatement abordée de la même manière efficace, comme s'il s'agissait de fermer un livre et d'ouvrir un autre.

Le travail scolaire se faisait autant que possible, à l'extérieur. Les enseignants et les élèves, comme tout le monde à Brook Farm, aimaient être en plein air. Nous vivions si habituellement en plein air que rester enfermés dans la maison était une contrainte ennuyeuse. Tout l'été, les cours se déroulaient dans l'amphithéâtre, sous les ormes, sur les pentes rocheuses ou herbeuses de la Butte. Bien entendu, de nombreuses leçons ne pouvaient être dispensées que dans des salles de classe, mais les récitations, les examens et les exercices mentaux étaient généralement relégués dans des régions situées au-delà du seuil. La botanique, la géologie, l'histoire naturelle et ce qu'on appelait alors la philosophie naturelle étaient enseignés parmi les rochers, dans les bois et dans les champs avec des illustrations tirées de la nature.

En hiver, l'école devait être abritée, mais sauf en cas de tempête, nous parvenions à voir une bonne partie du ciel. L'étude des étoiles avec toute la population du lieu debout dans la neige pendant que le Dr Ripley parlait des constellations - c'était en effet une leçon en plein air qui méritait d'être rappelée. Une telle leçon pourrait impliquer une exposition au froid, mais nous étions robustes et personne n'a été blessé ni pour le moment ni par la suite par une petite touche de température vers la ligne de gel.

Les arbres et les plantes ont été étudiés dans les bois et les champs. La classe de botanique a fait des excursions, collectant des spécimens de la flore de la Ferme et des environs, avec en passant des conférences itinérantes. L'enseignement de la géologie était donné sur les rochers, le marteau à la main. Nous avons fait connaissance de près des oiseaux et de la vie animale de la localité. Ils étaient apprivoisés et amicaux, protégés, soignés et jamais dérangés, et nous avons appris leurs habitudes et leurs caractéristiques par association intime. La gentillesse envers les animaux était enseignée et pratiquée en premier, en dernier et tout le temps, et chaque créature vivante, depuis le bœuf à la charrue jusqu'à l'hirondelle construite sur le banc de sable, était douce et n'avait pas peur.

La seule chose cruelle que nous ayons jamais faite a été de couper en plein milieu d'un nid de fourmis dans une forêt de pins. Notre club d'histoire naturelle, dont étaient membres des personnes âgées et des jeunes, a fait à une certaine époque une étude assez approfondie des fourmis et, dans le but d'illustrer une leçon, John Cheever a enfoncé une pelle au centre d'un nid et pelleté, la moitié. Il y avait plusieurs de ces nids dans les pins, chacun consistant en un tas de sable d'environ deux pieds de haut et peut-être d'un mètre de diamètre à la base, et la structure que nous avons examinée était remplie de chambres et de galeries que nous avons trouvées également prolongées d'un pied ou d'un mètre. donc sous terre . La destruction de la fourmilière a été regrettée par certains des étudiants les plus scrupuleux, mais l'exposition nous a donné une connaissance plus réelle des industries, des habitudes de vie, de l'architecture, de l'habileté et de l'intelligence des Formicidae , que nous n'en avons acquises dans n'importe quelle autre fourmilière. d'une autre manière. Nous étions extrêmement intéressés par ces études sur les fourmis et achetions tous les livres que nous pouvions trouver à leur sujet. Par la suite, j'ai rédigé moi-même un petit livre, donnant les résultats de nos recherches exposés dans des articles lus lors des réunions du Club, des notes d'expériences et des conférences de M. Hosmer ou plutôt des entretiens sur les merveilleux travaux des Formicidae . La publication de ce livre a marqué ma première apparition dans le monde littéraire.

Charles Hosmer était un naturaliste né. Chaque forme de vie l'intéressait au plus haut point. Lors de nos promenades à l'étranger, il a vu tout ce qu'il y avait à voir. Son observation était non seulement alerte, mais minutieuse et précise. Il semblait connaître toutes les plantes, tous les insectes, tous les oiseaux et tous les animaux de la ferme, et avait quelque chose d'intéressant à nous raconter sur tout ce qui attirait l'attention.

L'enseignement ne se limitait pas aux études des classes. Sauf pendant les heures où les élèves étaient livrés à eux-mêmes, il y avait toujours un professeur ou un tuteur à portée de main, donnant des directives intelligentes à tout ce qui se passait, maintenant la discipline dans l'exigence fondamentale d'être très attentif et de transmettre des informations sur le sujet en cours. main.

À titre d'illustration, on peut noter que Minot Pratt était le chef des premiers agriculteurs et qu'il s'est révélé être un bon agriculteur. Non seulement il fit des merveilles avec le sol pauvre du lieu, mais il réussit en même temps à accorder beaucoup de réflexion et de soin à ses classes industrielles. Les garçons et les filles qui ont choisi de travailler dans les champs et les jardins avec Minot Pratt ont reçu de nombreuses leçons précieuses sur la botanique, la chimie agricole et la plantation, la culture et la récolte des cultures.

M. Pratt et sa famille ont quitté Brook Farm lorsque l'association a été réorganisée en phalange fouriérite , et a été remplacé par John Codman, qui, en vertu du nouvel ordre, a été nommé chef de la série agricole, poste qu'il a occupé avec une capacité de signal pendant les années restantes de l'existence de la communauté. Les Codman étaient des membres importants de la Phalange, occupant des postes de responsabilité dans la gestion des affaires et démontrant pleinement qu'il était possible de respecter les principes chrétiens dans la vie de tous les jours . Ils furent les derniers à quitter les lieux, restant à assumer la triste tâche de régler les détails des règlements définitifs.

À une certaine époque, je travaillais dans le jardin de fleurs et dans la véranda avec l'un des garçons Codman que j'appelais Baas, car il était mon aîné et mon supérieur dans le domaine de la culture de plantes, d'arbustes et de fleurs destinés au marché. La valeur économique de la bonté envers les animaux est démontrée par notre utilisation quotidienne d'un taureau de récompense comme animal de trait pour tirer la charrette lors du transport du fumier, pour traîner le cultivateur dans le jardin et pour des tâches similaires. C'était une créature magnifique, un cadeau de Francis George Shaw et, la plupart du temps, il était si doux et docile que les Baas montaient sur son dos entre la grange et le jardin.

Les mercredis et samedis étaient des demi-congés non seulement pour l'école mais pour toute la communauté. Le mercredi et le samedi après-midi, toute la salle était en fête. Le travail était suspendu à l'exception des simples tâches ménagères et du soin des animaux, et les heures étaient consacrées à passer de bons moments. Les élèves étaient autorisés à faire ce qu'ils voulaient, et il nous plaisait parfois, à nous, les garçons, d'être des voleurs, des brigands et des contrebandiers dans une caverne derrière les Eyrié. Ici, nous pouvions faire un feu à condition de ne jamais faire de feu ailleurs. Cette grotte sombre et lugubre a occupé une place importante dans mes souvenirs de Brook Farm pendant de nombreuses années jusqu'à ce que plus tard dans ma vie, j'emmène ma fille visiter l'ancien endroit, quand une fierté gonflée a fait une mauvaise chute. Quand nous sommes arrivés à la grotte, j'avais du mal à en croire mes propres yeux. Ce repaire spacieux de voleurs, ce lieu de villégiature de hors-la-loi audacieux était une fente entre deux gros rochers. On pouvait s'y glisser et se retourner et c'était à peu près tout. Il avait sûrement dû rétrécir ou se remplir ou se contracter ou quelque chose comme ça, un si pauvre petit quart de caverne qu'il s'est avéré être.

Il y avait un autre rocher qui, à la même occasion, me servit de meilleur virage, me permettant d'identifier l'emplacement où se trouvait Pilgrim Hall. Celui-ci, parmi les nombreux gros rochers disséminés dans les environs, était situé immédiatement en face de Pilgrim Hall, et je l'ai reconnu par une certaine petite pochette ou poche à côté du sol sur son côté sud ; une circonstance dont j'avais raison de me souvenir car elle m'a coûté de l'argent. Les élèves de l'école avaient droit à une petite somme d'argent, chaque semaine, que nous pouvions dépenser comme bon nous semble. De temps en temps, nous allions dans la rue et achetions des oranges ou des plantains – des bananes – rarement des bonbons, car les bâtonnets de bonbons rayés comme une barre de barbier dans un bocal en verre au bout du comptoir du magasin n'étaient pas très tentants. Souvent, nous donnions nos sous, garçons et filles ensemble, et commandions à Gerrish d'acheter le livre que nous voulions ou peut-être un peu de parure pour la décoration de fête.

Il y avait un garçon qui ne participait pas à nos projets financiers. Nous ne savions pas ce qu'il faisait de son argent, mais nous n'en avons jamais vu un seul centime. Il était suffisamment prêt à partager nos cadeaux, mais gardait soigneusement son argent entre ses mains. Un jour, alors que nous jouions à trois vieux chats devant Pilgrim Hall, nous avons perdu le ballon et l'avons cherché en vain. Steediwink , comme on appelait familièrement l'un des garçons les plus âgés, en tâtonnant autour du pied du rocher mentionné ci-dessus, trouva un trou dans le rocher dans lequel il enfonça la main. Au fond du trou se trouvait une sorte d'étagère sur laquelle était entassé un trésor de petite monnaie. Si tout le monde savait de qui nous avions ouvert le trésor, personne ne citait de nom et la trouvaille fut aussitôt confisquée au profit du fonds de la fête.

Quelques jours plus tard, M. Hosmer, lors de son discours du soir avec les enfants, a déclaré de manière très significative qu'un des savants avait perdu une somme d'argent et nous a demandé d'essayer de la retrouver et de la lui apporter afin qu'il puisse la restituer à son propriétaire légitime. . Il fallut plusieurs semaines à toutes nos allocations pour reconstituer le montant nécessaire, mais finalement l'argent perdu fut retrouvé, et M. Hosmer nous remercia, encore une fois de manière très significative, de l'avoir aidé à régler un compte quelque peu pénible. Ce garçon avare méritait bien sûr d'être félicité pour son économie, mais il n'était pas de notre espèce et ne resta pas longtemps en notre compagnie. Il a pris soin de son argent et de ses kilos, sans aucun doute plus tard dans sa vie, mais ce n'est qu'une supposition car

il était l'un des rares dont nous autres n'avons pas essayé de suivre après que
Brook Farm soit devenu une chose du monde. passé.

CHAPITRE VIII.
BIJOUX

John Cheever était notre personnage excentrique ; pas un excentrique, pas un égoïste, pas un enthousiaste ni un socialiste, mais juste un Irlandais simple, bon enfant et astucieux, qui, pour une raison quelconque, aimait vivre à la Ferme. Il n'a jamais rejoint l'Association ni la Phalange, mais est simplement resté pensionnaire permanent. Il était le journaliste et le médiateur général du lieu, allant de maison en maison et de groupe en groupe, travaillant un peu ici et un peu là, à sa guise, et ayant toujours quelque chose d'intéressant ou d'amusant à raconter, son accent donnant un ton prononcé. tournure comique à sa plaisanterie toujours prête. Ne participant aux industries habituelles que selon son humour, il était pourtant une personne très occupée et très utile à bien des égards. Lorsqu'il y avait un travail difficile à faire, c'était John Cheever qui le faisait, et surtout dans le travail de préparation des spectacles, il était l'homme à tout faire de la série Festal, menuisier de scène, maquilleur de scène, porteur. gardien, peintre et utilitaire sur scène. Bien qu'il ne soit attaché à aucun groupe industriel, il assume certaines tâches qu'il ne néglige pas. En hiver, il s'occupait des feux la nuit, faisant le tour de la Ruche aux Eyrié, au Cottage et à la Salle des Pèlerins par toutes sortes de temps avec une régularité fidèle. Notre principale source de combustible était la tourbe, ou gazon, comme l'appelait John Cheever, et pour garder les pièces au chaud avec ce combustible de mauvaise qualité, les feux devaient être renouvelés toutes les cinq ou six heures.

Une autre des tâches que John Cheever s'était imposé était de s'occuper des manivelles. Bien qu'il soit lui-même quelque peu particulier, il n'avait pas besoin de poissons étranges – gens bizarres et autres – et surveillait attentivement les étrangers erratiques. Parmi ceux-ci, une succession constante arrivait à la Ferme ; réformateurs de tout sous le soleil ; des fanatiques exigeant l'adoption immédiate de leurs théories nébuleuses ; des extraterrestres mentaux pas tout à fait fous mais assez proches ; des égoïstes, sauvages à remarquer, des monstres, des fakirs et des imbéciles de toutes sortes, et, pire que tout, des épaves d'humanité cherchant refuge contre les frondes et les flèches d'une fortune scandaleuse. John Cheever s'est donné pour mission de s'occuper de ces créatures, toutes diverses. Au moment où Gerrish a débarqué un membre de la tribu à la Ruche, le gardien l'a repéré, pour ainsi dire, et a rapidement réussi à le faire sortir de l'endroit.

Gerrish a amené un type à la Ruche par une froide soirée d'hiver qui a annoncé à l'assemblée réunie dans le salon après le dîner, qu'il avait découvert une méthode pour vivre sans dormir. Le sommeil était inutile, une habitude qui pouvait être surmontée et il avait réussi à démontrer que la vie pouvait parfaitement se dérouler sans cette perte de temps inutile. Il n'avait pas dormi depuis plus d'un an et il avait l'intention de rester bien éveillé pendant les années à venir.

On peut tenir pour acquis que John Cheever gardait un œil sur cet homme. Il fut traité comme un invité privilégié, son hôte acceptant sa théorie et la mettant en pratique avec lui le soir même. Vers le matin, il était confortablement installé dans la bibliothèque avec un livre intéressant pour passer une heure pendant que son animateur faisait le tour des incendies. De retour à la bibliothèque, le pompier trouva le théoricien profondément endormi dans le grand fauteuil du Dr Ripley. En secouant vigoureusement l'homme, John Cheever lui a poliment demandé de ne pas ronfler aussi fort car cela dérangerait la famille. Après cela, l'insomniaque n'avait plus qu'à attendre que Gerrish l'emmène.

Bonico et moi avons piégé un autre fakir peu de temps après, mais par accident plutôt que par intention. Ce spécimen était un génie inspiré par la conviction que la cuisine est la source de tous les maux dont la chair est l'héritière. Il nous a fait la leçon sur la folie de manger des aliments bouillis, rôtis et grillés, déclarant que nous devons subsister des produits de la nature tels qu'elle nous les donne, tout comme le font les autres animaux. La nature offre une réserve abondante de céréales, de fruits, de noix et de racines, et il est de notre devoir de ne pas changer ces choses par le feu mais de les prendre telles qu'elles nous sont offertes.

Comme nous l'avons noté précédemment, notre nourriture était assez simple, et après nos repas de rechange, il ne restait que très peu de choses sur les tables à nettoyer. Les petits restes de restes et de miettes étaient brossés sur un grand plateau et placés devant la porte de la cuisine. Mon copain et moi devions sortir le soir et emmener ce plateau au poulailler derrière la grange. Nous avions vu le réformateur diététique errer dans les environs pendant un jour ou deux, mâchant constamment du blé qu'il portait dans un sac accroché bien en évidence à sa ceinture. Il ne venait pas à la salle à manger et ne prenait pas de repas réguliers, prétendant être suffisamment nourri par le blé cru qu'il mâchait si assidûment. Nous ne l'avions pas particulièrement remarqué - personne ne prêtait beaucoup attention aux fadistes prétentieux - mais un soir, en faisant le tour par la porte arrière pour nourrir les poulets, Bonico et moi avons reconnu le grignoteur de blé penché sur le plateau, ramassant avec impatience tous les morceaux. il pouvait trouver à manger. Il était tellement occupé à cet emploi que nous ne l'avons pas dérangé, mais nous nous sommes enfuis tranquillement et avons signalé l'affaire à John Cheever. Ce gardien de la paix s'est immédiatement dirigé vers la cuisine, a ramassé une assiette de nourriture et s'est précipité vers le réformateur du régime en s'écriant : « Voici votre souper ! Personne n'a besoin d'avoir faim à Brook Farm. C'était le dernier de ce spécimen particulier ; mais il y en avait d'autres, tant d'autres qu'elles auraient été intolérables sans les soins vigilants qui nous protégeaient d'invasions trop gênantes.

Le service le plus apprécié de John Cheever envers la communauté a été son ajout de flocons d'avoine irlandais à notre maigre menu. Il n'aimait pas plus que moi les bières et le pain brun et, pour sa propre satisfaction, il écrivit à des amis du vieux pays pour lui envoyer un lot de flocons d'avoine irlandais. En temps voulu, Gerrish livra cent poids de cette nouvelle viande, scellée dans des boîtes de conserve. Le petit-déjeuner était si étonnamment bon que nous avons parcouru ces boîtes de conserve en un mètre court. Une plus grande quantité fut immédiatement envoyée et, par la suite, les flocons d'avoine furent toujours sur la table du petit-déjeuner. Nous avons constaté que lorsqu'une boîte de conserve était ouverte, son contenu devenait très vite rance ; et là-dessus, Glover Drew chercha un moulin à farine qui moulait notre propre avoine pour nous. Gagnant plus que ce dont nous avions besoin, Glover Drew a essayé de trouver un marché pour le surplus, mais personne ne l'aurait à aucun prix.

John Cheever était la seule personne dans tout West Roxbury à sympathiser avec ma sœur et moi-même dans l'épreuve la plus grave que nous ayons jamais connue lorsque nous étions enfants. Les Brook Farmers et tous leurs voisins ont ignoré Noël. Ils ne savaient rien et ne se souciaient pas de cette merveilleuse période de joie pour les petits, et ne pouvaient pas du tout comprendre comment il se faisait qu'Althéa et moi soyons si gravement blessés par une bagatelle comme la négligence d'une coutume ancienne et oubliée. John Cheever a compris. Il était catholique et, même s'il n'était pas du tout pieux, il respectait toujours les observances sacrées de l'Église. C'est lui qui nous a expliqué que les puritains de la Nouvelle-Angleterre étaient farouchement hostiles à tout ce qui ressemblait à ce qu'ils appelaient le papisme, imposant de sévères sanctions aux misérables égarés qui osaient montrer du respect pour les vieilles croyances. Il a déclaré que le Tribunal général du Massachusetts avait promulgué une loi spéciale contre la célébration de Noël, condamnant à une amende et à l'emprisonnement les transgresseurs qui osaient célébrer cette fête papiste. C'était le malheur et non la faute des Brook Farmers si l'anniversaire de Bethléem n'était pour eux rien de plus que le jour de la Saint-Jude ou la Fête des Tabernacles.

Dans la Vieille Colonie, Noël était le seul grand jour de l'année pour les enfants. Nous n'avions pas l'arbre de Noël, mais nous avions la crèche de Bethléem dans l'Église réformée néerlandaise, au pied de la haute chaire et de la dominie. Bogardus nous a raconté l'histoire de l'anniversaire de Notre Seigneur avec des mots simples que nous pouvions tous comprendre. Tôt le matin, nous avons couru vers le salon où nos bas étaient suspendus à la cheminée remplie par le Père Noël de cadeaux de Noël, et d'autres étaient empilés sur la table pour nos amis et pour les familles pauvres. C'est ce qu'un écrivain effusif appelait un jour le début « calme et bruyant » de la journée.

Dans l'après-midi, les garçons sont partis à l'étranger avec des cadeaux, et les filles ont tenu une journée portes ouvertes chez elles, recevant des visiteurs apportant d'autres cadeaux de Noël. Le soir, les fêtes d'enfants étaient de mise, avec des jeux traditionnels ramenés du vieux pays par les Wallons. Lors de ces fêtes, des costumes à l'ancienne étaient portés, le velours d'Utrecht étant très apprécié. Mon costume en velours s'est avéré disponible dans plus d'un de nos spectacles de costumes de Brook Farm, sauf qu'il n'a pas été porté à Noël.

Ce devait être l'un des derniers jours de décembre lorsque Gerrish nous a apporté une boîte de Noël en retard et des lettres de Noël de chez lui. Ce fut la première indication pour Althea et moi-même que nos vacances les plus précieuses étaient à portée de main. Abasourdis, nous nous sommes rendu compte trop tard que le jour de Noël était passé sans que nous le sachions. C'était tout simplement incroyable ! Nous ne pouvions pas comprendre, encore moins accepter, un état de choses aussi inconcevable. Notre problème, cependant, était le nôtre. Personne d'autre n'y a participé, à l'exception de John Cheever. Nos plus chers amis et compagnons étaient poliment désolés que nous ayons raté quelque chose, ils ne savaient pas quoi, et c'était tout. Ils n'avaient pas plus une idée de ce que Noël signifiait pour nous que de ce que la Pâque signifie pour Israël.

Notre boîte était remplie de friandises de Noël, d'olecokes et de crullers, de bonbons et de biscuits et de toutes les cinquante-sept variétés de friandises hollandaises propres à la saison ; et la veille du Nouvel An, la bonne Mme Rykman a fait de ce magasin de friandises le noyau d'un festin impromptu conçu pour notre confort et notre consolation. C'était bien intentionné et bien géré et le sentiment de gentillesse manifesté a compensé en partie la déception que nous avions éprouvée ; mais le Noël de cette année-là fut une perte sèche, une perte que je regrette encore aujourd'hui.

À Brook Farm, cependant, il y avait peu de chances de se laisser aller à des regrets et les ennuis de Noël durent céder la place à des intérêts plus immédiats. Les Paysans étaient avant tout des transcendantalistes, c'est-à-dire qu'ils étaient des philosophes et peu enclins à se lamenter. Leur philosophie n'était pas énoncée dans leurs annonces publiques mais s'exprimait dans leur vie. Elle peut être formulée comme la philosophie de l'Ici et Maintenant.

Ici et maintenant; sur place, avec la marchandise, pour le moment. Pas hier ; non pas demain, mais aujourd'hui, cette heure, cet instant est le moment fixé pour vivre pour tout ce que vous valez. Mettez votre cœur dans votre travail ici. Donnez votre esprit, vos compétences, votre énergie à tout ce que vous avez en main en ce moment. Le respect du passé, de ses traditions et de ses souvenirs est une bonne chose, mais ne regardez jamais assez en arrière pour empêcher de voir ce qui est devant vous, ici et maintenant. L'espoir pour l'avenir est une bonne chose, mais ne laissez pas les rêves de bons moments obscurcir la compréhension claire des réalités actuelles, ici et maintenant. Telle était la philosophie des Brook Farmers, exprimée non pas en paroles, mais en actes. Être sur place, avec la marchandise à l'heure actuelle, c'était leur idéal et ils l'ont vécu chaque jour et toute la journée.

Leurs voisins puritains professaient une philosophie de l'au-delà et, même s'ils ne la respectaient pas constamment, ils la proclamaient avec encore plus de véhémence. Non pas dans la vie de ce monde méchant et fatigué, mais dans la vie du monde à venir, leurs espoirs et surtout leurs craintes étaient centrés. Les misérables pécheurs, nés dans une dépravation totale, ne pouvaient utiliser leur bref séjour sur terre qu'à lutter pour sauver leur âme. Mortifiant la chair et considérant tous les plaisirs comme insensés, voire impies, ils reportèrent le bonheur aux royaumes au-delà des cieux. Pour eux, Ici n'était rien et Maintenant n'était rien. L'éternel au-delà était tout. Considérant la vie comme une simple préparation à la mort, leur point de vue était diamétralement opposé à celui des Fermiers qui considéraient la vie comme une phase de l'existence à exploiter au maximum et à apprécier pleinement à chaque respiration, du premier au premier souffle. dernier. Assez naturellement, peut-être, les fervents piétistes considéraient les joyeux mondains comme perdus, sans espoir de rédemption. Les mêmes sentiments qui ont provoqué les incidents de fouet, de pendaison et de persécution de l'histoire puritaine ont été entretenus par les élus orthodoxes de Roxbury et se sont manifestés parfois par Brook Farmward avec une hostilité maussade. Les jeunes gens du quartier venaient assez volontiers à nos réceptions, mais certains des anciens au visage dur auraient trouvé une plus grande satisfaction à administrer une discipline sévère à l'ancienne si leur pouvoir de s'occuper des malins avait seulement été ce qu'il était à l'époque où leur espèce dirigeait la colonie de la baie du Massachusetts avec une barre de fer.

Ce sont nos plaisirs qui nous ont valu les anathèmes les plus sévères. Nous étions toujours des oisifs chantant, jouant du violon et dansant lorsque d'honnêtes gens travaillaient. Cette critique était en partie vraie. Nous avons certainement consacré plus de temps et plus d'attention aux loisirs que ce qui était habituel parmi les travailleurs. Les deux demi-journées de la semaine étaient réservées aux divertissements. Tous les soins et tous les travaux ont pris fin et chacun était libre de faire exactement ce qu'il voulait. Habituellement, tout le monde était heureux d'être ensemble, à la manière de Brook Farm, tout le monde se joignant au programme de divertissement organisé à pied pour la journée.

Après la réorganisation, la série Festal a systématiquement pris en charge les vacances et il y avait toujours quelque chose de valable pour l'après-midi ou la soirée ou les deux, auquel nous étions tous prêts à participer et désireux d'en profiter.

La Brook Farm Association a d'abord été organisée sous la forme d'une société par actions. Les objets déclarés de cette société étaient la gestion d'une école, d'une ferme, d'une entreprise d'imprimerie et d'édition et d'autres industries légères. Le but tacite était la réalisation d'une expérience sociale ; une tentative pratique de former une communauté vivant ce que nous appellerions maintenant la vie simple. Il y avait d'ailleurs une intention délibérée de tirer le meilleur parti des opportunités de promotion du bonheur. Ces jeunes gens brillants, intelligents et cultivés avaient pour objectif de passer un bon moment sain, sensé et joyeux dans le monde, et ils ont certainement merveilleusement bien réussi dans cette entreprise. Je peux vraiment dire que je n'ai jamais connu d'entreprise nulle part qui ait apprécié cette existence terrestre plus pleinement que ces Brook Farmers. Ils croyaient que le Bon Dieu voulait que cette vie soit belle et harmonieuse et ils entreprenaient de bonne foi de la rendre conforme à l'idée divine. Ils étaient heureux, par principe, pour ainsi dire. À cette fin, ils ont constamment démontré la valeur de la bonne humeur, de la bonne camaraderie et du bon divertissement. Les loisirs et les divertissements faisaient autant partie de leur programme que labourer la terre, enseigner à l'école ou tenir la maison. Se réveiller chaque matin avec l'envie de commencer une journée active, intéressante et joyeuse, sans aucune pensée d'anxiété, tel était leur idéal et, comme leurs autres idéaux, cela était assez bien réalisé.

Nos critiques estimaient que nous n'avions aucun droit moral de consacrer une journée entière chaque semaine juste pour nous amuser. Cela aurait pu être vrai si nous avions essayé de devenir riche, mais devenir riche n'était pas le premier objectif que nous envisageions. D'autres choses ont précédé la recherche de la richesse, mais, malgré tout, en concurrence avec ceux qui considéraient nos manières de faire du mal, nous les avons tous mis en pièces. Sur les marchés de Boston, les produits de Brook Farm étaient chers et se vendaient plus rapidement à de meilleurs prix que ceux que les agriculteurs et les jardiniers de West Roxbury pouvaient commander. Ils envoyaient des pommes de terre au fond d'un chariot ; pommes dans une boîte à savon ; des baies dans un seau en fer blanc battu et du beurre dans un vieux pot fêlé ; aucune de ces choses n'est particulièrement propre. Nos filles rangent nos affaires de jardin dans des colis soignés et réguliers. La qualité du verger et des produits agricoles et laitiers était invariablement la meilleure ; et tout était aussi frais que possible, et d'apparence soignée et attrayante. J'oserais dire que nous avons gagné plus d'argent avec un acre de terre en cinq jours que n'importe lequel de nos voisins en six jours. C'était peut-être une autre raison pour laquelle ils ne nous aimaient pas.

CHAPITRE IX.
FOURIER ET LES AGRICULTEURS

Dans le langage de l'époque, les fermiers étaient socialistes, mais le socialisme de 1840-1850 était une proposition très différente du socialisme d'aujourd'hui. Les premiers socialistes ne faisaient pas de politique. Ils n'avaient pas de parti politiquement parlant et ne s'intéressaient qu'à distance et indirectement aux affaires politiques. Ce qu'ils voulaient, c'était réformer le monde ; reconstruire la civilisation sur une base scientifique. C'était ce que le président Lincoln avait l'habitude d'appeler un gros travail. Cependant, la foi peut déplacer des montagnes, et les socialistes avaient certainement la foi. Leur objectif était certes ambitieux, mais, après tout, il reposait sur une base très simple. Réduit à un syllogisme, il pourrait s'énoncer ainsi : Prémisse majeure : Tout être humain désire le bonheur. Prémisse mineure : le socialisme assure le bonheur de chaque être humain. Conclusion : Démontrez cette vérité et chaque être humain deviendra socialiste. CQD

Les socialistes furent d'abord appelés fouriéristes , mais ce titre assez long céda très vite la place au mot plus commode utilisé ici. La science du bien vivre a été développée par Charles Fourier, un savant français qui a consacré sa vie aux études humanitaires. Son concept fondamental était que le Créateur et Souverain de l'Univers avait institué une seule loi ; un édit de la Volonté Divine, un ordre global, régulant et contrôlant tout ce qui existe. C'est la loi des séries. Les étoiles dans leur trajectoire se déplacent dans un ordre sériel et les feuilles qui habillent les arbres obéissent au même code cosmique. Le premier axiome de Fourier était : Les séries distribuent les Harmonies. C'est-à-dire que le fonctionnement de la Loi des séries amène des résultats harmonieux. Les étoiles parcourent sereinement leurs orbites propres, s'influencent mutuellement dans un parfait équilibre de relations harmonieuses. Les feuilles bourgeonnent sur les branches dans un ordre sériel qui donne à chacune sa part de soleil et de pluie. La société humaine, pour atteindre son plus haut développement, doit entrer en relations harmonieuses avec les étoiles, avec les feuilles, avec tout ce qui existe dans l'univers, selon la Loi Divine de la série. Pour cela, il faut reconstruire la société dans l'ordre des séries.

Organisation du travail

Le travail est le facteur primordial des affaires humaines. Par le Travail, la race doit soumettre la terre afin que la terre soit notre héritage. C'est le premier commandement avec promesse donné dans la Bible. Pour accomplir le dessein divin, le travail doit être soumis à la loi divine, la loi de la série.

Le travail désorganisé ne peut pas soumettre la terre, gênée comme elle l'est par le gaspillage, par la perte, par des tâches repoussantes et dangereuses, par un labeur inutile, par des hostilités de classe, par des communautés en guerre, par le monopole des gains et par les mille pénalités encourues par une opposition désordonnée. à la loi.

L'organisation du travail fera évoluer les industries attractives ; Communautés Harmonieuses , et assurera la répartition équitable des gains et la protection offerte par les garanties mutuelles.

Ces communautés illustreront le deuxième axiome de Fourier. Les attractions sont proportionnées aux destins. Chaque être né dans ce monde a une place dans l'œuvre de soumission de la terre, adaptée à ses capacités et à ses goûts. Dans la Communauté Organisée, cette place lui sera ouverte. Il sera attiré par les industries dans lesquelles il est destiné à faire de son mieux.

Les séries distribuent les harmonies et, sous la loi, les communautés se rassembleront par attraction naturelle. La loi garantit des relations harmonieuses et il n'y aura pas de compétitions, pas de monopoles accaparants, pas d'affrontements de forces opposées. Le bien-être de chaque individu sera identifié au bien-être de tous. La communauté des travailleurs organisés, vivant et travaillant ensemble dans des industries attrayantes, constituera une phalange solide d'intérêts unis. La Phalange assumera la responsabilité du bien-être de chaque membre de la naissance à la mort. La fourniture de garanties mutuelles assurera à chacun un bon logement, une bonne vie, une bonne éducation pour les jeunes, de bons soins pour les personnes âgées et de bonnes possibilités de travail et de loisirs tout au long de la vie. Chacun sera parfaitement libre de poursuivre ces activités agréables dont les attraits sont proportionnés à sa destinée. La consommation finale annoncée par Fourier dans son troisième axiome sera l'unité de l'homme avec Dieu, avec l'homme et avec la nature.

L'apôtre du fouriérisme en Amérique était Albert Brisbane. De nature humanitaire et, par ses études sérieuses, un érudit profond, il a reconnu un germe de vérité dans la théorie des transcendantalistes selon laquelle l'humanité souffre de maux qui, s'ils ne sont pas corrigés, entraîneront un désastre. Le remède qu'il a trouvé dans le socialisme. Lors de son séjour en France, il subit l'influence personnelle de Charles Fourier et fait partie du cercle des convertis qui entoure le fondateur du socialisme - non pas le socialisme politique d'aujourd'hui, répétons-le, mais le socialisme de 1840. consacré à la réorganisation de la société civilisée, sur une base scientifique ; la reformation des institutions humaines sous l'ordre universel en série.

De retour chez lui, M. Brisbane a lancé une propagande socialiste qui, pendant dix ans ou plus, a exercé une large influence sur l'esprit public de ce pays et a éveillé un intense intérêt pour le mouvement socialiste. Il traduisit les œuvres de Fourier et les publia à ses frais. Il tenait une chronique dans *la Tribune d'Horace Greeley* où il exposait les nouvelles doctrines et donnait des instructions pratiques à ses disciples. Orateur éloquent et persuasif, il donnait constamment des conférences dans tout le pays, formait des clubs et des sociétés socialistes et faisait des convertis avec lesquels il entretenait une correspondance active. À marée montante, il estimait que les socialistes aux États-Unis étaient au nombre de plus de 200 000. Je crois que les archives font état de quarante-deux communautés organisées sur le plan socialiste au cours de la décennie mentionnée ci-dessus. Il y en avait deux dans l'État de New York ; deux en Pennsylvanie, deux en Ohio ; deux dans le New Jersey et deux dans le Massachusetts, à savoir Hopedale et Brook Farm.

Bien sûr, M. Brisbane est venu à Brook Farm. Je me souviens de lui comme d'un jeune homme grand, plutôt élancé, un peu penché en avant, alerte et impulsif, rapide dans ses gestes et dans sa parole, et charmant parleur. Rempli d'enthousiasme, se glorifiant de la grande cause qu'il défendait, se sacrifiant, se donnant entièrement à la rédemption de l'humanité, il convertit les fermiers aux théories fouriériennes et les incita à mettre ces théories à l'épreuve de l'expérience réelle. Minot Pratt et un ou deux autres sceptiques ont quitté l'Association, mais le reste des membres ont voté à l'unanimité pour se réorganiser en Phalange Fouriérite .

Lorsque cela fut accompli, M. Brisbane fit de Brook Farm une sorte de quartier général de la propagande socialiste et enrôla plusieurs de ses membres comme conférenciers et professeurs de sciences humaines. *Le Harbinger* a été établi comme l' organe fouriérien de ce pays. Le Dr Ripley et M. Dana en étaient les rédacteurs, et il s'agissait d'une publication de Brook Farm. Il y avait cependant très peu d'informations sur Brook Farm dans ses colonnes, et aucune publicité. Outre l'exposition de la doctrine socialiste, il y avait des critiques de livres, des notes de musique et des romans, le roman le plus important étant « Consuelo » de George Sands, traduit pour le journal par Francis George Shaw. *Le Harbinger* n'a jamais payé de dépenses, et les rédacteurs et contributeurs ont apporté leurs services au profit de la cause qu'il défendait. Parmi ceux qui ont écrit pour le journal figuraient Ralph Waldo Emerson, Albert Brisbane, Wm. H. Channing, Elizabeth Peabody et Margaret Fuller.

Elizabeth Peabody, bien que non membre de l'Association, était chaleureusement intéressée par son travail et par son bien-être. Dans l'une de ses contributions à *The Dial* , l'organe des Transcendantalistes, elle écrit notamment ce qui suit : « Il y a des hommes et des femmes qui ont osé se dire : 'Pourquoi ne pas organiser notre vie quotidienne selon les volontés du Christ ?' idée? Pourquoi ne pas commencer à supprimer la montagne de coutumes et de conventions ? Pour vivre une vie religieuse et morale, ils estiment nécessaire de sortir dans une certaine mesure du monde et de se constituer en communauté de propriété jusqu'à exclure la concurrence et les règles ordinaires du commerce, tout en préservant suffisamment de vie privée. propriété à toutes fins d'indépendance et d'isolement à volonté. Ils font de l'agriculture la base de leur vie, celle-ci étant la plus directe et la plus simple en relation avec la nature. Une vraie vie, même si elle vise au-delà des étoiles, rappelle la terre saine. Le parfum du trèfle y flotte. Le mugissement du bétail est la basse naturelle de la mélodie des voix humaines.

Miss Peabody était l'une des amies des enfants de la Ferme. Elle était très intéressée par l'école et lorsqu'elle avait quelque chose à nous dire, toutes les classes se réunissaient et écoutaient ses paroles pertinentes avec une attention sérieuse. Je ne peux pas en dire autant de sa collègue, Margaret Fuller. Ses monologues dans le salon de la Ruche n'ont pas réussi à attirer l'attention qu'elle pensait mériter, et je crains que, dans l'ensemble, ses expériences à la Ferme n'aient été plutôt décevantes pour elle. Elle occupait une chambre dans le cottage, et j'ai entendu dire que la petite maison s'appelait depuis lors Margaret Fuller Cottage, mais personne n'avait jamais pensé à lui donner un tel nom au début.

Que ce récit des impressions d'un garçon ne soit pas interprété comme nuisant à l'éclat qui brille dans la mémoire de Margaret Fuller. Elle était très respectée et estimée par tous les Brook Farmers et les amis de la communauté au cours de sa vie de fidèle service, et sa mort tragique a été une source de chagrin profond et sincère pour tous ceux qui connaissaient sa valeur. Après la dissolution de la communauté, elle part vivre en Italie, où elle se marie avec le comte d'Ossoli . De retour en Amérique avec son mari et son enfant, une épouse heureuse et une mère fière, le navire sur lequel ils étaient passagers a fait naufrage au large de Fire Island et tous les passagers se sont noyés. Presque en vue de la maison et presque à portée de l'aide du rivage, Margaret Fuller et ses proches ont péri ensemble. Il n'y avait pas de service de sauvetage à cette époque et les observateurs sur la plage n'avaient aucun moyen de secourir les voyageurs qui mouraient alors qu'ils approchaient de la fin de leur voyage.

Lorsque la Brook Farm Association est devenue la Brook Farm Phalanx, les industries de l'endroit ont été organisées selon l'ordre en série. Le travail du sol était effectué par la série agricole, avec un travail spécial assigné à différents groupes, comme le groupe agricole, le groupe verger, le groupe jardin, etc. Les affaires domestiques étaient en charge de la série domestique, comprenant le groupe cuisine. , le groupe des Blanchisseries, le groupe des Serveurs, un groupe très joyeux, ça, et deux ou trois autres. La série Manufacturing dirigeait le travail des métiers; et la série Festal était chargée des récréations et des divertissements. Cette dernière série avait des attraits proportionnés aux destinées de chaque membre de chaque groupe de l'organisation industrielle, et beaucoup de soin et d'attention étaient délibérément accordés à ses fonctions. Pendant six jours, nous avons travaillé et fait tout notre travail et nous l'avons bien fait. Nous ne travaillions pas le même nombre d'heures chaque jour mais prenions deux demi-congés chaque semaine pour passer un bon moment royal sous la direction de la Série Festal.

Personne n'était étroitement confiné à aucun des groupes spécialisés mais, en règle générale, chacun trouvait sa juste place et s'y occupait strictement de ses affaires ; sous réserve toutefois d'un appel d'urgence en cas de besoin. Pendant la saison des semailles et la saison des récoltes, par exemple, nous pourrions mettre cinquante mains sur le terrain, ou plus si nécessaire. L'agriculture était notre principal intérêt et l'agriculture est devenue une industrie très attractive lorsque les pommes de terre étaient rapidement mises en terre ou lorsque le foin devait être transporté en toute hâte dans les granges.

Dans l'ensemble, on peut dire avec certitude que l'ordre en série a fonctionné de manière excellente dans l'agriculture, domaine que je connaissais le mieux, et que l'expérience pratique d'organisation de l'industrie a été extrêmement réussie en ce qui concerne l'exécution du travail. Quant aux profits et aux pertes, c'est une question dont je ne suis pas informé.

L'agriculture est la base du soutien de la famille humaine et continuera d'être la base de la nouvelle économie. L'organisation du travail dans l'agriculture nécessitera le regroupement des travailleurs dans des communautés, chaque quartier s'unissant pour habiter dans un emplacement central pratique. Dans ce foyer central, tous les problèmes du foyer isolé seront pourvus par cette communauté organisée, par la conduite des affaires domestiques dans l'ordre scientifique de la série. Une telle communauté sera une Phalange, et la Phalange sera l'unité de la Société Organisée.

Fourier anticipe de nombreuses inventions, des dispositifs mécaniques destinés à remplacer le travail manuel dans la maison, entre autres. Les tâches difficiles et désagréables désormais assignées aux domestiques seraient, dans la Phalange, exécutées sur une grande échelle par des machines.

Il n'y avait pas de domestiques à Brook Farm. Tout le monde a servi mais personne n'a été embauché pour servir. Les corvées ménagères ont été réduites au minimum possible. Nous ne vivions pas de la graisse de la terre, et cela faisait une différence merveilleuse dans le travail de cuisine, — c'était le cas au début. Plus tard, il fallut employer des ouvriers agricoles et des mécaniciens, et comme ils avaient besoin de viande pour les hommes forts, il fallut que la grasse Jeanne carène la marmite, et Jeanne fut importée à cet effet.

Notre nourriture simple, très simple en vérité, suscita de nombreux commentaires parmi nos amis. Ils avaient peur que nous mourrions de faim, mais nous ne l'avons pas fait. Nous allions tous merveilleusement bien, maintenus en bonne forme et de la meilleure des manières. Les très rares cas de maladie qui se trouvaient sur place étaient tous amenés d'ailleurs, jusqu'à l'avènement du fléau - et cela aussi, nous l'avions amené ou y étions peut-être envoyés, de l'extérieur de nos frontières sanitaires.

Dans l'ensemble, encore une fois, du point de vue social, l'expérience de Brook Farm a été extrêmement réussie. Nous étions heureux, satisfaits, aisés et insouciants ; faisant un grand travail dans le monde, enthousiastes et fidèles, nous avons apprécié chaque instant de chaque jour, dominés à chaque instant de chaque jour par l'Esprit de Brook Farm.

CHAPITRE X.
JUSQU'À CE DERNIER

Il y a eu deux funérailles à Brook Farm, à mon époque, et je pense qu'il n'y en a plus eu par la suite. Une jeune femme nommée Williams est arrivée làbas avec une tuberculose naissante et après avoir été soignée avec tendresse et mise aussi à l'aise que possible pendant plusieurs mois, elle est décédée paisiblement. C'était le seul décès. Le défunt a été enterré avec des services simples mais impressionnants dans un coin tranquille au fond de la pinède. C'était l'endroit retiré où les membres de la communauté s'attendaient à être enterrés à la fin de leurs travaux dans ce monde. Cette attente n'a pas été comblée. Les Brook Farmers ont presque tous rejoint la congrégation de l'au-delà, mais ils sont sépulchés aux quatre coins du globe. Le monument de Theodore Parker est visité par les touristes en Italie. Le capitaine John Steel a effectué son dernier voyage vers le port de Hong Kong. John S. Dwight réside à Mount Vernon ; Dr et Mme Ripley à Greenwood. Le jeune couple parti en Californie n'est jamais revenu et ne reviendra jamais. Robert Shaw tomba à Fort Sumter et partage une place dans les tranchées avec ses hommes ; et les champs de bataille du Sud renferment tout ce qu'il y avait de mortel chez trois autres. Personne n'a trouvé un abri définitif sous le gazon de Brook Farm.

Le révérend John Allen, après avoir démissionné de son pastorat pour devenir membre de notre communauté, fut retenu pendant un certain temps par la maladie de sa femme. Quand elle mourut, il apporta sa dépouille pour l'enterrer dans le petit cimetière au milieu des pins. C'était les deuxièmes funérailles auxquelles j'assistais, et je pense qu'il n'y en a pas eu d'autres durant l'existence de la communauté.

Il y a quelques années que j'ai visité le vieil endroit avec le Dr Codman et, parmi les autres localités bien connues, nous avons recherché l'endroit où nous avions assisté à deux funérailles au cours de notre enfance lointaine, mais les souvenirs de ces deux occasions n'étaient pas visibles. être trouvé. Pendant la guerre de la Rébellion, la ferme Brook avait été utilisée comme camp de convalescence, et de nombreux malades et blessés y furent rassemblés conformément aux derniers ordres généraux auxquels nous devons tous obéir. Parmi les innombrables tombes de soldats, il était impossible d'identifier les deux tumulus que nous recherchions.

Comme indiqué, la Phalange comptait plusieurs de ses membres dans le domaine des conférences pour aider à faire avancer le mouvement socialiste. Le coût de cette propagande et de la publication du *Harbinger* , l'organe socialiste, devait être un impôt sur les maigres ressources de la communauté, mais faire des sacrifices pour la grande cause était tout à fait conforme à l'esprit de Brook Farm, et, autant que je sache, le fardeau a été joyeusement supporté. Le révérend John Allen était l'un de ceux qui étaient engagés dans ce travail éducatif et une grande partie de son temps y était consacrée. Il était affectueusement dévoué à son enfant sans mère, une charmante petite fille d'environ quatre ans, et lorsque les conditions le lui permettaient, il l'emmenait avec lui dans ses tournées de conférences. Un soir, il rentra à la maison à l'improviste, emmenant l'enfant car elle ne se sentait pas bien et la laissant aux soins de Mme Rykeman . Le bébé et moi étions de bons amis et, le lendemain, comme elle était confinée dans la chambre de Mme Rykeman , j'ai passé l'après-midi à essayer de la divertir. Vers la nuit, comme elle était visiblement très malade, un médecin fut appelé de Brookline. Le médecin examina la petite et prononça le terrible verdict : nous avions sur les bras un cas de variole virulente.

C'était le début de la fin. Comme Mme Ryekman et moi avions été exposés à la contagion, nous avons été mis en quarantaine dans ses chambres et toutes les précautions ont été prises pour empêcher la propagation de la maladie. Ni Mme Rykeman ni moi n'avions un seul symptôme de la maladie, mais bientôt d'autres cas apparurent les uns après les autres et au cours des mois suivants, le fléau se répandit dans la communauté.

Grâce sans doute à la bonne santé de notre peuple, l'invasion de cet ennemi de l'humanité – et un terrible ennemi qu'était alors la variole – ne s'est pas révélée directement calamiteuse. Le bébé était le seul à être gravement malade et elle s'est rapidement rétablie, comme d'ailleurs tous les autres qui ont été attaqués. Il n'y a pas eu plus d'une douzaine de cas, du début à la fin, et aucun n'a souffert bien plus que des inconvénients, et aucun n'a eu une fosse ou un endroit comme les feuilles de la variole pour marquer ses victimes.

Après le premier choc de surprise et d'alarme, l'affliction fut endurée sans murmure. Ce fut une épreuve difficile et nous le savions tous, mais elle a été supportée avec courage et sérénité, car toutes les épreuves et difficultés ont été supportées par cette entreprise à l'âme noble, imprégnée du véritable esprit de Brook Farm.

Il y en avait rarement plus de deux ou trois à la fois – ceux-ci, d'ailleurs, prenaient généralement soin d'eux-mêmes ou les uns des autres – et le reste d'entre nous vaquait aux affaires quotidiennes de la vie comme si tout allait bien. bien avec nous. Il n'y avait plus de réclusion, et le travail et les études reprenaient maintenant dans un ordre régulier.

Nous étions cependant coupés de toute communication avec le monde extérieur. Gerrish a laissé le courrier et d'autres choses sur le pont, mais il n'a rien emporté, car nous n'étions pas autorisés à envoyer quoi que ce soit hors de l'endroit. Personne ne pouvait traverser le ruisseau de notre côté, et personne ne venait vers nous de l'autre côté. C'était un grave malheur, mais ce n'était pas le pire.

La variole a tué l'école.

Plusieurs des élèves les plus âgés s'enfuirent à la première alarme, avant que nous soyons enfermés, et ceux-ci ne revinrent pas. Personne d'autre ne vint prendre les places vacantes et, bientôt, les classes supérieures furent suspendues. À la fin du trimestre, la Brook Farm School a été définitivement fermée.

Ce fut la deuxième étape vers la dissolution définitive de la communauté. Comme la première, la deuxième étape nous a été imposée comme l'un des résultats du retour au pays de la fille frappée par M. Allen.

Comment se fait-il qu'une telle affliction ait pu arriver à cette pauvre petite victime innocente ? Personne ne l'a jamais su. Elle était la chérie de son père et il veillait sur elle avec les soins les plus fidèles. Il était obligé de la quitter pendant les heures de cours mais toujours en charge d'amis dignes de confiance. À aucun moment, autant qu'il ait pu le constater, elle n'a été en danger de contagion. Bien sûr, ce danger aurait pu être encouru à son insu, mais une autre possibilité était que le fléau aurait pu nous être infligé par son infection par un dessein malin.

Nous savions qu'il existait un sentiment d'amertume contre nous parmi les vieux puritains de Roxbury. Ils nous détestaient et profitaient de l'occasion pour nous ennuyer et nous blesser de diverses manières. On n'accorda que très peu d'attention à ces attentions de voisinage et il est fort probable que l'on n'aurait pas pensé à cette question en relation avec la variole si c'était tout ce que nous avions eu à souffrir, mais ce n'était pas le cas.

Lorsque trois incendies mystérieux se produisirent l'un après l'autre, détruisant les trois principales maisons du domaine, Pilgrim Hall, l'Eyrie et le Phalanstère , il fut impossible d'en expliquer l'origine. C'est alors que la mémoire rappelait inévitablement des manifestations d'hostilité dont on pouvait expliquer avec une certitude absolue.

Pilgrim Hall était le principal dortoir des élèves, une structure simple mais substantielle, la première érigée à des fins scolaires. Le Phalanstère était destiné à être la demeure de la Phalange. Il s'agissait d'un bâtiment en bois relativement grand et coûteux, avec des salles publiques au premier étage et des logements pouvant accueillir environ cent cinquante personnes aux deuxième et troisième étages. La construction du Phalanstère était le plus gros travail entrepris par la communauté et il mettait à rude épreuve toutes les ressources disponibles jusqu'au dernier dollar. Lorsqu'il fut presque terminé, il fut incendié et réduit en cendres. Cette dernière perte a mis Brook Farm en faillite. Il ne restait plus d'argent pour continuer et l'organisation socialiste de West Roxbury dut être abandonnée. L' expérience fouriérite fut un échec. La vie joyeuse des heureux compagnons, devenus si chers l'un à l'autre, était terminée. La sympathique compagnie, unie par des liens si intimes, fut dissoute. Les frères et sœurs aimants ont dit adieu à leurs amis de confiance et à leur maison ensoleillée, poursuivant leurs chemins largement séparés, peu d'entre eux se retrouvant un jour.

L'échec de Brook Farm a été à juste titre attribué à une succession de désastres inexplicables. Cela était vrai quant aux causes directes, mais il semble aujourd'hui évident que le mouvement socialiste n'aurait pas pu être mené jusqu'au succès final. Le monde n'était pas prêt à accepter suffisamment les théories de Fourier pour abandonner la civilisation et vivre une vie simple. L'ère du millénaire n'était pas arrivée. Cette époque n'est d'ailleurs pas encore arrivée, et même si certains enthousiastes nous assurent que l'aube du glorieux matin est presque en vue, nous autres ne sommes pas tout à fait capables de la voir. Il ne reste plus beaucoup de socialistes de 1840, mais le petit nombre d'entre nous qui sont restés à ces jours ultérieurs ne s'intéresse pas beaucoup aux dogmes socialistes actuels. Néanmoins, nous qui pouvons nous tourner vers le socialisme des premiers temps, chérissons toujours les souvenirs de Brook Farm comme l'un des plus chers que cette terre nous offre.

9 789359 948188